"ධම්මෝ හි වාසෙට්ඨා, සෙට්ඨෝ ජනේතස්මිං
දිට්ඨේ චේව ධම්මේ, අභිසම්පරායේ ච."

වාසෙට්ඨයෙනි, මෙලොවෙහි ත්, පරලොවෙහි ත්
ජනයා අතර ධර්මය ම ශ්‍රේෂ්ඨ වෙයි !

- අග්ගඤ්ඤ සූත්‍රය - භාගයවත් බුදුරජාණන් වහන්සේ

නුවණ වැඩෙන බෝසත් කථා - 26
ජාතක පොත් වහන්සේ

(සංකප්ප වර්ගය)

පූජ්‍ය කිරිබත්ගොඩ ඥාණානන්ද ස්වාමීන් වහන්සේ

© සියලුම හිමිකම් ඇවිරිණි.

ISBN : 978-955-687-143-2

ප්‍රථම මුද්‍රණය : ශ්‍රී බු.ව. 2561 ක් වූ උඳුවප් මස පුන් පොහෝ දින

සම්පාදනය : **මහමෙව්නාව භාවනා අසපුව**
වඩුවාව, යටිගල්ඔළුව, පොල්ගහවෙල.
දුර : 037 2244602
info@mahamevnawa.lk | www.mahamevnawa.lk

පරිගණක අකුරු සැකසුම, පිටකවර නිර්මාණය සහ ප්‍රකාශනය :
මහාමේඝ ප්‍රකාශකයෝ
වඩුවාව, යටිගල්ඔළුව, පොල්ගහවෙල.
දුර : 037 2053300, 076 8255703
mahameghapublishers@gmail.com

මුද්‍රණය : **ලීඩ්ස් ග්‍රැෆික්ස් (පුද්.) සමාගම,**
අංක 356 E, පන්නිපිටිය පාර, තලවතුගොඩ.
ටෙලි: 011-4301616 / 0112-796151

නුවණ වැඩෙන
බෝසත් කථා - 26
ජාතක පොත් වහන්සේ
(සංකප්ප වර්ගය)

සරල සිංහල පරිවර්තනය

පූජ්‍ය කිරිබත්ගොඩ ඤාණානන්ද ස්වාමීන් වහන්සේ

මහාමේඝ
MAHAMEGHA

ප්‍රකාශනයකි

පෙරවදන

ජාතක පොත් වහන්සේ ඔබ කියවලා ඇති. කුඩා අවධියේත්, පාසලේදීත්, සරසවියේත්, පන්සලේ බණ මඩුවේත්, වෙසක් නාඩගමේත් අපි ජාතක කථා රස වින්දෙමු. නමුත් එහි සැබෑ අරුත කුමක් දැයි තේරුම් ගන්නට අප සමත් වූ වගක් නම් නොපෙනේ.

'නුවණ වැඩෙන බෝසත් කථා' නමින් ඒ ජාතක කථා ඔබේම භාෂාවෙන් ඔබට කියවන්නට ලැබෙන්නේ එයින් ඉස්මතු වන අරුතත් සමඟිනි. මෙහි අරුත් දැන එම කථාවත් මතක තබා ගෙන සත්පුරුෂ ගුණධර්ම දියුණු කර ගන්නට මහන්සි ගන්නේ නම් එය ජාතක කථාවෙන් ඔබට ලැබෙන සැබෑම ප්‍රතිඵලයයි.

හැම දෙනාටම තෙරුවන් සරණයි!

මෙයට,
ගෞතම බුදු සසුන තුළ මෙත් සිතින්,
පූජ්‍ය කිරිබත්ගොඩ ඤාණානන්ද ස්වාමීන් වහන්සේ
ශ්‍රී බුද්ධ වර්ෂ 2560 ක් වූ වෙසක් මස 31 දා

මහමෙව්නාව භාවනා අසපුව
වඩුවාව, යටිගල්ඔළුව,
පොල්ගහවෙල.

පටුන

26. සංකප්ප වර්ගය

නමෝ තස්ස භගවතෝ අරහතෝ සම්මාසම්බුද්ධස්ස
ඒ භාග්‍යවත් අර්හත් සම්මා සම්බුදුරජාණන් වහන්සේට නමස්කාර වේවා!

01. සංකප්ප ජාතකය

සරාගී කල්පනා නිසා පිරිහී ගිය තවුසාගේ කතාව

පින්වතුනේ, පින්වත් දරුවනේ,

අපගේ සිත් තුළ රාගය නමින් මහා භයානක විෂක් තියෙනවා. මේ විෂ නිසා බොහෝ තරුණ දරුවන්ගේ ජීවිත මහත් අනතුරේ වැටෙනවා. දියුණුව නැසී යනවා. ධනය නැසී යනවා. විශේෂයෙන් ම ගුණ ධර්ම දියුණු කරගැනීමේදී මහත් ම බාධාව බවට පත් වෙනවා. ඒ නිසා ජීවිතයේ දියුණුවක් ලබා ගැනීමට ආසා කෙනා සරාගී සංකල්පනාවන්ට ඉඩ දෙන්ට හොඳ නෑ. සරාගී කල්පනාවන්ට වසඟව සිවුරු හැර මහත් විපතකට පත්වෙන්ට ගිය භික්ෂුවක් අපගේ භාග්‍යවතුන් වහන්සේ විසින් බේරාගත් ආකාරයයි මෙයින් විස්තර වන්නේ.

ඒ දිනවල අපගේ භාග්‍යවතුන් වහන්සේ වැඩ වාසය කොට වදාළේ සැවැත්නුවර ජේතවනයේ. ඔය කාලයේ සැවැත්නුවර සිටිය එක්තරා තරුණයෙක් මහත් ශ්‍රද්ධාවෙන් බුද්ධශාසනයේ පැවිද්ද ලබා ගත්තා. නමුත් තමුන්ගේ ඇස්, කන්, ආදී ඉන්ද්‍රියයන් සංවර කරගන්ට

වැඩි අවධානයක් යොමු කළේ නෑ. දවසක් මේ භික්ෂුව පිඬු සිඟා යද්දී ඉතා අලංකාර ඇඳුමකින් සැරසී සිටි පියකරු ළඳක් මේ භික්ෂුව දෙස බලා සිනාසුනා. ඒ මොහොතේ ම ඉන්ද්‍රිය සංවරය බිඳගත් මේ භික්ෂුව සතිපට්ඨානය මෙනෙහි කිරීම අත්හැරියා. අර ස්ත්‍රිය ගැන මෙනෙහි කරන්ට පටන් ගත්තා. ඒ හේතුව නිසා පැවිද්දට ඇති ආසාව නැතිව ගියා. සිවුරු හරින්ට තීරණය කළා. ආචාර්ය උපාධ්‍යායන් වහන්සේලාට ගිහින් කියා හිටියා.

"අනේ ස්වාමීනි, මගේ හිස හිරවෙලා වගේ. ඇඟටත් මහා බරක් දැනෙනවා. භාවනාවක් කරගන්ට ම බෑ. මං ගොඩක් මහන්සි ගත්තා හිත හදා ගන්ට. මගේ සිත දූන් පැවිද්දේ පිහිටන්නේ ම නෑ. අනේ ස්වාමීනී, මං ගත්තු මේ සිවුරු පිරිකර ආපහු භාර දෙන්ට යි අදහස් කළේ?"

"හා.... හා.... ඇවැත, කලබල වෙන්ට කාරි නෑ. ඔය ඇත්තා මහත් ශ්‍රද්ධාවෙන් නොවැ පැවිදි වුනේ. පිණ්ඩපාතේ වඩිද්දී මොකාක් හරි කුණුගොඩක් ඇඳුම් ආයිත්තම්වලින් සැරසී සිටිනවා දැක්කාවත් ද?"

"එහෙමයි ස්වාමීනී, එහෙම දෙයක් තමයි. ඉතිං.... මං... මං හිතුවා.... පින් දහම් කොරගෙන ගිහි ජීවිතේ ගෙව්වොත් හොඳා කියලා."

"අනේ ඇවත, මොනාද මේ කියන්නේ? ශාස්තෘන් වහන්සේනමක් පහළ වෙලා මේ පැවිදි ජීවිතේ අනුදැන වදාළේ ඔය විදිහට සසුන්මග හැල්ලුවට ගන්ට ද? මේ බුදු සසුන රාග කෙලෙස් පීඩාවන්ගෙන් විඳෝ විඳෝ ඉන්න මිනිස්සුන්නේ ඒ කෙලෙස් කිළුටු බැහැර කරනවා. සත්වයන් ව සතර අපා දුකින් මුදවා සැඩපහරකට වැටුන

දෙයක් සාගරයට අරගෙන යන්නැහේ මගඵල නිවන් ලබා දෙනවා නොවේද! හා.... යමු.... යමු.... අපි කෝකටත් ගොහින් භාග්‍යවතුන් වහන්සේ බැහැදක ඉම්මුකෝ" කියලා ඒ භික්ෂුවගේ ආචාර්ය උපාධ්‍යායන් වහන්සේලා ඔහු නොකැමතිව සිටියදී ම බලෙන් වගේ භාග්‍යවතුන් වහන්සේ ළඟට කැඳවාගෙන ගියා. භාග්‍යවතුන් වහන්සේ මෙසේ වදාළා.

"මහණෙනි,..... මොකදෑ මේ අකැමැත්තෙන් වගේ ඉන්න භික්ෂුවක කැඳවාගෙන එන්නේ?"

"ස්වාමීනී, භාග්‍යවතුන් වහන්ස, මේ භික්ෂුවට පැවිද්ද ගැන දැන් ඇල්මක් නැතිලු. සිවුරු හරින්ට ඕනැලු"

"හැබෑද භික්ෂුව, දැන් පැවිද්දේ සිත් අලවන්නේ නැද්ද?" "එහෙමයි ස්වාමීනී" "මොකද ඔබට එහෙම වුනේ?" "අනේ.... ස්වාමීනී, මං.... මං.... දවසක් පිඬු සිඟා යද්දී එ.... එක්තරා පියකරු මාගමක්.... හැඩවැඩ ඇති ඇඳුම් ආයිත්තම්වලින් සණ්ඩමණ්ඩිතව සිටිනවා දැක්කා. එදා පටන් තමා මට මෙහෙම වුනේ?"

"භික්ෂුව, ඉන්ද්‍රිය සංවරයකින් තොරව දමනය නැති සිතින් යුතු ඔබ වැනියෙකුට ඔහොම වෙන එක ගැන අමුතුවෙන් අහන්ට දෙයක් ද! ඉස්සර කාලේ මහා දැහැන් බලයෙන් යටපත් කළ කෙලෙස් ඇති, පිරිසිදු සිත් ඇති සත්වයන්ට කෙලෙස් උපද්දවන්ට ඔය ලාමක ස්ත්‍රී රුවට පුළුවන් වුණා. උතුම් යස ගී පැතිර තිබූ මහා තවුසන් පවා ගැරහීමට ලක් කරවන්ට ස්ත්‍රී රුවට පුළුවන් වුනා. අපිරිසිදු සිත් ඇති අයව මේ තත්වයට ඇද දැමීම ගැන කවර කතා ද? සිනේරු පර්වතයත් කම්පා කරවන්ට පුළුවන් සුළඟකට මේ දිරාපු කොළගොඩක් සෙලවීම

මහා ලොකු දෙයක්ද. සම්බෝධිය අරමුණු කොට බලවත් පාරමී බලයෙන් යුතු සත්වයාත් මේ රාග ක්ලේශය විසින් කළඹා දැම්මා නම් ඔබ වැනි සත්වයන්ව රාගය විසින් කළඹවන එක අමුතු දෙයක්ද?"

එතකොට භික්ෂූන් වහන්සේලා පෙරුම් පුරන මහබෝධිසත්වයන්ව රාග කෙලෙස්වලින් කැළඹවූ කතාව කියා දෙන්ට කියා භාග්‍යවතුන් වහන්සේගෙන් ඉල්ලා සිටියා. භාග්‍යවතුන් වහන්සේ මේ අතීත කතාව ගෙනහැර දක්වා වදාළා.

මහණෙනි, ගොඩාක් ඉස්සර කාලෙක බ්‍රහ්මදත්ත නම් රජ්ජුරු කෙනෙක් රාජ්‍ය කරමින් සිටියා. ඔය කාලේ මහාබෝධිසත්වයෝ අසූ කෝටියක් ධනය ඇති බ්‍රාහ්මණ මහාසාර කුලේ උපන්නා. තක්සිලාවට ගොහින් ශිල්ප ශාස්ත්‍ර ඉගෙන නැවත බරණැසට ආවා. දෙමාපියන් කසාදයකුත් කොට දුන්නා. මව්පියන්ගේ ඇවෑමෙන් ඔවුන්ගේ මුළුමහත් ධනය ම තමන්ට අයිති වුනා. මහා ධනසම්පත් පිරීගිය ගබඩාවේ දොරටු ඇර බැලූ බෝධිසත්වයන්ට මෙහෙම සිතුනා. "හප්පා.... මෙතැන රන්, රිදී, මුතු මැණික් ආදී කෝටිගාණක මහා ධනස්කන්ධයක් පේන්ට තියෙනවා. නමුත් යම් කෙනෙකු විසින් මේවා රැස් කළා ද, කෝ ඒ ඇත්තන් දැන් පේන්ට නෑ නොවැ...! අහෝ...! මහා සංවේගජනකයි!" කියා මෙනෙහි කරද්දී බෝධිසත්වයන්ගේ සිරුරින් දහඩිය ගලන්ට පටන් ගත්තා.

ඊට පස්සේ බෝධිසත්වයෝ කලක් ගෙදර වසද්දී මහා දන් දෙන්ට පටන් ගත්තා. අඹුදරුවන් ඤාතිමිත්‍රාදීන් හඬද්දී ගිහි ජීවිතේ අතහැරියා. හිමාලයට ගොහින් ඍෂි

පැවිද්දෙන් පැවිදි වුනා. රමණීය වන පෙදෙසක කුටියක් හදාගෙන වනමුල්ඵලාහාරයෙන් යැපී තවුස්දම් පිරුවා. සුළු කලින් ධ්‍යාන අභිඥා සමාපත්ති උපදවාගෙන ඉතා සතුටින් වාසය කළා. කලක් ගතවෙද්දී මෙහෙම සිතුවා. "මනුස්ස වාසයට ගොහින් ලුණු ඇඹුල් සේවනය කරන්ට ඕනෑ. මේ ගමනින් මේ සරීරයටත් හොඳා, ව්‍යායාමයකුත් ඇති වෙනවා. මං වැනි කෙනෙකුට දානාදියෙන් උපස්ථාන කරන, වැඳුම් පිදුම් ගරු සැලකිලි දක්වන ජනයාට පින් කරගන්ටත් අවස්ථාවක් ලැබෙනවා."

මෙහෙම සිතලා හිමාලයෙන් පහතට බැස්සා. චාරිකාවේ ඇවිදිමින් ඇවිත් බරණැසටත් ආවා. සවස් වෙද්දී නවාතැන් පොළක් ගැන විමසද්දී බරණැස් රජ්ජුරුවන්ගේ උයන දක්කා. එදා උයනට ගිහින් රුක් සෙවනක භාවනානුයෝගීව රාත්‍රිය ගත කළා. පසුවදා උදේ ඉතා ම ශාන්තදාන්ත ඉරියව්වෙන්, ඉතා තැන්පත් ඇවැතුම් පැවතුම් ඇතිව, බිමට නැඹුරු වූ දෑස් ඇතිව පිණ්ඩපාතයේ වඩිද්දී මේ මනස්කාන්ත දේහවිලාස ඇති තාපසින්නාන්සේ දෙස කවුරුත් නෙත් යොමා බැලුවා. බෝධිසත්වයෝ පිඬු පිණිස රජ්ජුරුවන්ගේ වාසල් දොරටුවට පැමිණියා.

රජ්ජුරුවෝ උඩුමහලේ සක්මන් කරද්දී ඉතාම තැන්පත්, ශාන්ත, සෞම්‍ය ඉරියව්වෙන් යුතුව ආ බෝධිසත්වයන්ව වා කවුළුවෙන් දක්කා. දුටු පමණින් පැහැදුනා. "හා...! අර තාපසින්නාන්සේ නම් කිසියම් චිත්ත දියුණුවක් ලබා ඇති උතුම් කෙනෙක් වගෙයි" කියා ඇමතියෙකු ඇමතුවා. "මිත්‍රය.... අන්න අර තාපසින්නාන්සේව මෙහෙට වඩම්මාගෙන එන්ට" කිව්වා.

එතකොට ඇමතියා ඉක්මණින් ගිහින් තාපසයන්ට වන්දනා කොට භික්ෂාභාජනය ඉල්ලා ගත්තා. "ස්වාමීනී, අපගේ රජ්ජුරුවන් වහන්සේ ඔබ වහන්සේව කැඳවාගෙන එන්ට කීවා."

"මහා පින්වත, තොපගේ රජ්ජුරුවන් වහන්සේ අප ගැන දන්නේ නැහැ නොවැ"

"අනේ එහෙනම් පොඩ්ඩක් ඔහොම ඉන්ට ස්වාමීනී, මං ආයෙමත් ගොහින් කරුණු සැලකොට එන්නම්" කියා ඇමතියා රජ්ජුරුවෝ ළඟට ගිහින් තාපසයා කියූ දෙය සැලකළා. "මිත්‍රය.... අපට වෙනත් කුළුපග තාපසයෙක් නැහැ නොවැ. ඒ නිසා ගිහින් එක්කරගෙන එන්ට" කියලා රජ්ජුරුවෝ තමාමත් ජනෙල් කවුළුවෙන් තාපසයා දෙස බලා තමන් ම වන්දනා කරමින් අත් දික්කරලා "ස්වාමීනී, ඔතනින් වඩින්ට" කියා කතා කළා. බෝධිසත්වයෝ ඇමතිතුමා අතට භික්ෂා භාජනය දීලා උඩුමහලට නැග්ගා.

රජ්ජුරුවෝ ඉතා සතුටින් තාපසතුමාට වැඳලා රජ්ජුරුවන් වාඩිවෙන ආසනයේ ම වඩා හිඳෙව්වා. තමන් වෙනුවෙන් හදාපු රාජභෝජනවලින් උපස්ථාන කළා. බෝධිසත්වයන් සමඟ නොයෙක් දහම් කරුණු සාකච්ඡා කර ගොඩක් සතුටු වුනා.

"ස්වාමීනී, ඔබවහන්සේ වැඩ ඉන්නේ කොහිද? කොයි පළාතේ සිට ද බරණැසට වැඩියේ?"

"මහරජ.... අපි හිමාලයේ ඉන්නේ. චාරිකාවේ වඩින ගමන් මේ පළාතට ආවේ. වස් කාලේ දිගට ම එක තැනක ඉන්ට තැනක් සොයන ගමන්"

"අනේ ස්වාමීනී, වෙන තැන්වල වඩින්නේ

මොටද... අපේ රාජ උද්‍යානයේ වසන්ට පුළුවන් නොවැ. මං සිව්පසයෙන් උපස්ථාන කරන්නම්. මටත් සුගතිගාමී පිනක් රැස් කරගන්ට ලැබෙන අවස්ථාවක් නොවැ" කියලා වස්කාලේ රාජෝද්‍යානයේ වාසය කරන්ට ඇරයුම් කළා. බෝධිසත්වයන් සමග ම උයනට ගිහින් කුටියක්, සක්මන් මළුවක්, දිවා - රාත්‍රී සුවසේ ඉන්ට තැන් හදා දුන්නා. තවුස් පිරිකරත් ලබා දුන්නා. "ස්වාමීනී, එහෙනම් තමුන්නාන්සේ මෙහි සුවසේ වසන්ට" කියලා උයන්පල්ලාටත් කටයුතු සොයා බලන්ට පැවරුවා. ඒ නැවතුන නැවතිල්ලේ බෝධිසත්වයෝ දොළොස් අවුරුද්දක් ම වාසය කළේ ඒ රාජ උද්‍යානයේ ම යි.

දවසක් රජ්ජුරුවන්ගේ පිටිසර පළාතක කැරැල්ලක් හට ගත්තා. එය සංසිඳවීමට රජ්ජුරුවන්ට යන්ට සිදුවුනා. රජ්ජුරුවෝ දේවිය ඇමතුවා. "දේවී.... ඔයාට හරි මට හරි නගරේ නවතින්ට වෙනවා." "ඇයි ස්වාමීනී එහෙම කිව්වේ?" "ඇයි.... සොඳුරී.... අපි ඇප උපස්ථාන කරන සීලවන්ත තාපසින්නාන්සේ!" "ස්වාමීනී, උන්නාන්සේගේ ඇප උපස්ථාන කටයුතු මං අතපසු කරන්නේ නෑ. ඒ කටයුත්ත මට භාරයි. ඔබ වහන්සේ සැකයක් නොසිතා ඔය ප්‍රශ්නේ විසඳන්ට වඩින්ට." රජ්ජුරුවෝ කැරැල්ල සංසිඳුවන්ට පිටත් වෙලා ගියා.

බෝධිසත්වයෝ රජ්ජුරුවෝ පිටත්ව ගියාට පස්සේ නිතර නැවිත් තමන්ගේ රුචිවෙලාවට මාළිගයට ඇවිත් දන් වළඳා යනවා.

දවසක් දේවීන්නාන්සේ ප්‍රණීත අයුරින් දානමානාදිය පිළියෙල කරලා තමාත් වෙනදා වගේ ස්නානය කරලා සිනිඳු සළුවක් පොරවාගෙන මිටි

අසුනක් පනවාගෙන බෝධිසත්වයෝ දානයට වඩිනකල් බලාපොරොත්තුවෙන් සිටියා. බෝධිසත්වයොත් දානයට වෙලාව සලකා භික්ෂා භාජනය අතැතිව ආකාසයෙන් ඇවිත් උඩුමහලේ දොරටුවෙන් ඇතුල් වුනා. බෝසතුන් පොරවා සිටි හණවැහැරියේ සද්දෙන් දෑස පියාගෙන හුන් දේවිය හනික දෑස් ඇර කලබලෙන් නැගිටිද්දී උඩට පොරවාගෙන සිටි සිනිඳු සළුව බිම වැටුනා. බෝධිසත්වයෝ තමන්ට නුසුදුසු ඒ අරමුණ දෙස සුභ වශයෙන් බැලුවා විතරයි ඉන්ද්‍රිය සංවරය බිඳී ගියා.

ධ්‍යාන බලයෙන් සංසිඳුවාගෙන තිබූ රාගය පෙට්ටියක වැතිරී සිටි විෂඝෝර සර්පයෙක් පෙනය පුප්පාගෙන නැගිට්ටා වගේ, කිරි ගසකට පොරෝ පහරක් වැදී කිරි ගලන්ට ගත්තා වගේ, රාග කෙලෙස් මතු වූ සැණින් ධ්‍යාන බලය පිරිහී ගියා. ඉන්ද්‍රියයන්ගේ පවිත්‍ර බව නැතිව ගියා. තටු සිඳී ගිය කපුටෙක් වගේ වුනා. බෝධිසත්වයන්ට වෙනදා වගේ තැන්පත්ව වාඩි වී දානේ ගැනීමේ කටයුතුවත් කරගන්ට බැරිව ගියා. වාඩි වූ අතේ වාඩිවී උන්නා.

දේවිය සියලු දානමානාදිය භික්ෂා භාජනයට බෙදුවා. වෙනදාට එතැනදී දන් වළඳා උඩුමහලේ දොරටුවෙන් ම අහසට පැන නැගී යනවා. එදා ඒ ගමන යන්ට බැරිව ගියා. දානේ භාජනෙත් අරගෙන පඩිපෙළ දිගේ පහළට බැහැලා පාගමනින් ම උයනට ගියා. තාපසින්නාන්සේට මේ වෙනස වුනේ තමන් කෙරෙහි ඇති වූ කිසියම් හැඟීමක් නිසාය කියා දේවීන්නාන්සේටත් තේරුනා. එදා උයනට ගිය තාපසයා දානේ ගත්තේ නෑ. දානේ භාජනේ ඇඳ යට තිබ්බා. තමන් දේවියගේ රූපය දැකපු ආකාරය මෙනෙහි කරමින් රාගයෙන් දැවෙමින්

කඳුළු වගුරවමින් එහෙම්ම ම සත් දිනක් ගත කළා. ඇඳ යට තිබූ බත් පිළිඹි වෙලා ගඳගසන්ට පටන් ගත්තා. ඒ බතට නිලමැස්සෝ වහන්ට පටන් ගත්තා.

කැරැල්ල සංසිඳවූ රජ්ජුරුවෝ ලස්සනට සරසපු නගරය ප්‍රදක්ෂිණා කරලා රජමාළිගයට ඇවිත් තාපසින්නාන්සේව බැහැ දකින්ට ඕනෑ කියලා උයනට ගියා. මිදුලේ හැමතැන ම රොඩු පිරිලා තියෙනවා දැකලා තාපසින්නාන්සේ ගිහින්වත් ද කියලා හිතුනා. කෝකටත් කුටියේ දොර හැර බලද්දී ඉතාම අපහසුවෙන් යහනේ වැතිරී ඉන්න තාපසයාව දකින්ට ලැබුනා. රජ්ජුරුවෝ ඉක්මනින් ම ඇඳ යට නරක් වූ බත් ඉවත් කරවා කුටිය පිරිසිදු කරවා "ස්වාමීනී, ඔබ වහන්සේට මක් වුනාද.... හොඳට ම අසනීපයි වගේ නොවැ" කියා කිව්වා.

"මහරජතුමනි, මට තදබල පහරක් වැදුනා" කියා අමාරුවෙන් පිළිතුරු දුන්නා.

"තදබල පහරක්! ඒ කොහොමද? මං සම්පූර්ණයෙන් සතුරු බලවේග මැඩලා ප්‍රහාරයකට කිසිම අවස්ථාවකට ඉඩක් නොතබා ආවේ.... මගේ ප්‍රියතම තැන දුර්වල කරන්ට හිතාන තමුන්නාන්සේට ප්‍රහාරයක් එල්ල කරන්ට ඇත්තේ.... කෝ.... කෝ.... බලන්ට.... කොතැනට ද සතුරු ප්‍රහාරය වැදුනේ? කියලා තාපසින්නාන්සේගේ සිරුර පෙරලා පහර වැදුනු තැන සොයන්ට පටන් ගත්තා.

"නෑ.... මහරජතුමනි.... මේක පිටස්තරින් ආපු ප්‍රහාරයක් නොවේ. මගේ ඇතුලෙන් ම ආපු ප්‍රහාරයක්. ඔව්... හදවත විදගෙන ගියා...." කියා ආයාසයෙන් නැගිට්ටා. ඇඳේ වාඩිවෙලා මේ ගාථාවන් පැවසුවා.

1. රාග දියෙන් තෙමා තෙමා
- සිතිවිලි වධ දෙන්නේ
නේක ලෙසින් වට කර කර
- එයින් පහර දෙන්නේ
ලස්සන වූ සොඳුරු දෙයින්
- නොවේ මේ වදින්නේ
ඊතලයෙන් මට විදින්ට
- නැත වෙනෙකෙක් එන්නේ

2. කන්සිළුවෙන් ඇද මාහට
- නොමැත පහර දුන්නේ
මොනර පිලෙන් හෝ කිසිවෙක්
- නැත මට වධ දුන්නේ
රාග දියෙන් තෙමා තෙමා
- හදට ම යි විදින්නේ
එතකොට නම් ඉන්ට ම බෑ
- සියලු ඇඟ දවන්නේ

3. පහර වැදුන තැන තුවාල
- පිටට නැත පෙනෙන්නේ
තුවාලෙකින් ලේ වැහෙන
- තැනක් නැත පෙනෙන්නේ
නුවණින් තොර සිතිවිල්ලෙන්
- දැඩිපහර වදින්නේ
මා තුළින් ම වදිනා පහරිනුයි දුක් විඳින්නේ

මෙහෙම කියලා බෝධිසත්වයෝ රජ්ජුරුවන්ට කෙලෙස් නිසා තපස් රකින උතුමන්ට පවා හානි වන ආකාරය ගැන දහම් දෙසුවා. රජතුමා ව කුටියෙන් එළියට පිටත් කරවා ආයෙමත් භාවනා කරන්ට පටන් ගත්තා.

තමන් තුළ නැතිවී ගිය ධ්‍යාන අභිඥා බල ආයෙමත් උපදවාගෙන කුටියෙන් එළියට ඇවිත් ආකාසයේ වාඩි වී රජ්ජුරුවන්ට දහම් දෙසුවා.

"මහරජ.... මං දැන් හිමාලෙට යනවා."

"බෑ.... බෑ.... තමුන්නාන්සේට එහෙම යන්ට දෙන්ට බෑ" කියද්දී "මහරජ.... මෙවැනි තැනක වාසය කරන්ට යාමෙනුයි මට මේ අකරතැබ්බය වුණේ. ඒ නිසා නැවත මෙහි ඉන්ට මට පුළුවන් කමක් නෑ. මං හිමාලෙට යනවා" කියා රජ්ජුරුවෝ "අනේ ස්වාමීනී, නවතින්ට නවතින්ට" කියද්දී අහසින් ම හිමාලයට ගියා. නොපිරිහුනු ධ්‍යානයෙන් අවසන් මොහොත දක්වා ගෙවා මරණින් මතු බඹලොව උපන්නා.

භාග්‍යවතුන් වහන්සේ මේ ජාතකය වදාරා චතුරාර්ය සත්‍ය ධර්මය වදාළා. ඒ දේශනාව අවසානයේ සිවුරු හැර යන්ට සිතා සිටි භික්ෂුව රහත් ඵලයට පත් වුනා. තවත් භික්ෂූන් වහන්සේලා සෝවාන්, සකදාගාමී, අනාගාමී ආදී මාර්ගඵලයන්ට පත් වුනා. මහණෙනි, එදා රජ්ජුරුවන් ව සිටියේ අපගේ ආනන්දයෝ. තාපසයාව සිටියේ මම'යි කියා භාග්‍යවතුන් වහන්සේ මේ ජාතකය නිමවා වදාළා.

02. තිලමුට්ඨි ජාතකය

තලමිටක් සොරා කෑ රාජකුමාරයාගේ කතාව

පින්වතුනේ, පින්වත් දරුවනේ,

මේ සසර ගමන හරිම පුදුමාකාරයි. සිතට යම්කිසි ගතියක් ඇබ්බැහි වුනොත් භවාන්තර ගනන් එය තැන්පත්ව සිතට නැවත නැවතත් එයින් බලපෑම් සිද්ධ වෙනවා. මෙයත් එබඳු කතාවක්.

ඒ දිනවල අපගේ භාග්‍යවතුන් වහන්සේ වැඩ වාසය කොට වදාළේ සැවැත්නුවර ජේතවනයේ. ඔය කාලේ සැවැත්නුවර වාසය කළ එක්තරා භික්ෂුවක් අධික කෝපයට පත්වෙන ගතියකින් වාසය කළා. ඉතා සුළු දෙයකටත් ඉක්මනින් කිපෙනවා. මේ භික්ෂුවගේ කෝපවන ස්වභාවය නිසා අනිත් භික්ෂූන් වහන්සේලාටත් මහත් අපහසුතා ඇති වුනා. භික්ෂූන් වහන්සේලා මේ ක්ෂණිකව කිපෙන, ක්‍රෝධ බහුල භික්ෂුව ගැන කතාබස් කරන්ට පටන් ගත්තා.

"අනේ.... බලන්ට ඇවැත්නි, මෙතරම් උතුම් මෛත්‍රී කරුණා පිරී ඉතිරී ගිය උතුම් බුදු සසුනක පැවිදි වෙලත් අසවල් භික්ෂුවට තවමත් බැරි වුනා නොවැ තමුන්නේ

කෝපය පාලනය කරගන්ට. රත් වෙච්චි භාජනයකට දමාපු ලුණුකැට තට තට ගා පුපුරන්නැහේ කිපුණු ගමන් ම යි ඉන්නේ. මොනතරම් කරුණු කීවත් ඒ වේලාවට විතරයි. ආයෙමත් පරණ චරිතෙ. හනේ හපොයි...”

භාග්‍යවතුන් වහන්සේටත් ඒ භික්ෂුව ගැන දැන ගන්ට ලැබුනා. වෙනත් භික්ෂුවක් යවා ඒ භික්ෂුව ගෙන්වා ඒ කරුණ විමසුවා. “හැබෑද භික්ෂුව, ඔබ වාසය කරන්නේ නිතරම කිපුණු සිතින් ද?”

“අනේ එහෙමයි භාග්‍යවතුන් වහන්ස, මං කොතෙකුත් මහන්සි ගන්නවා. නමුත් ආවේගයක් හැටියට කේන්තිය ම යි මතු වෙවී එන්නේ.”

“මහණෙනි, මේ භික්ෂුව තුළ ඇති ඔය කිපෙන ගතිය මේ ආත්මයේ විතරක් තියෙන එකක් නොවෙයි. ගෙවී ගිය අතීත සංසාරේත් කෝපයෙන් බැට කෑ කෙනෙක්.” භාග්‍යවතුන් වහන්සේ මේ අතීත කතාව ගෙනහැර දක්වා වදාළා.

“මහණෙනි, ගොඩාක් ඉස්සර කාලෙක බරණැස්පුරේ බ්‍රහ්මදත්ත නම් රජ්ජුරු කෙනෙක් රාජ්‍ය කරමින් සිටියා. ඔය කාලේ මහා බෝධිසත්වයෝ තක්ෂිලාවේ දිසාපාමොක් ආචාර්යව මානවකයන්ට ශිල්ප ශාස්ත්‍ර හදාරවමින් සිටියා.

බරණැස බ්‍රහ්මදත්ත රජ්ජුරුවන්ට බ්‍රහ්මදත්ත නමින් පුත් කුමාරයෙක් සිටියා. ඉස්සර කාලේ රජවරු තමන්නේ දරුවන්ව මාන්නය දුරුවෙන්ටත්, සීතල රස්නේ ඉවසන්ට පුරුදු කරන්ටත්, ලෝකචාරිත්‍ර උගන්වන්ටත් බරණැස් නගරයේ සිටින දිසාපාමොක් ආචාරීන් ළඟට

ශිල්ප ඉගෙන ගන්ට නොයවා ඈත දුර රටකට පිටත් කරනවා.

ඉතින් බරණැස් රජ්ජුරුවොත් තමන්ගේ දහසය හැවිරිදි කුමාරයාව කැඳෙව්වා. භාජනේකුයි, පාවහන් යුගලකුයි, කුඩයකුයි කහවණු දහසක පසුම්බියකුයි දුන්නා. "පුත්‍රය.... දැන් ඔබ තක්සිලාවට යන්ට ඕනෑ. ගිහින් ශිල්පශාස්ත්‍ර හදාරා එන්ට ඕනෑ" කිව්වා. එතකොට රාජකුමාරයා දෙමාපියන් වන්දනා කොට පිටත් වුනා. අනුක්‍රමයෙන් තක්සිලාවටත් ආවා. දිසාපාමොක් ආචාරීන්ගේ නිවෙස්න සොයාගෙන ගියා. ඒ වෙලාවේ දිසාපාමොක් ආචාරීන් මානවකයන්ට ශිල්ප උගන්වා ගෙමිදුලේ සක්මන් කරමින් ඉන්න වෙලාව. කුමාරයා ගෙට යද්දී ආචාරීන්ව දැක්කා. දැකලා එතැනම පාවහන් ගලවා, කුඩයත් හකුළුවා ආචාරීන්ට වැන්දා.

බෝධිසත්වයෝ මොහු වෙහෙසට පත් වී සිටින බව දැකලා ආගන්තුක සංග්‍රහ කළා. කුමාරයා ආහාරපාන අනුභව කොට ටික වේලාවක් විවේක ගත්තා. ආචාර්යතුමාව බැහැදැක වන්දනා කළා. "පුත්‍රය, තොප කොහේ සිට ආ කෙනෙක් ද?"

"ආචාර්යපාදයෙනි, මං බරණැස ඉඳන් ආවේ."

"ම්.... බරණැස.... තොප කවරෙකුගේ දරුවෙක් ද?"

"ආචාර්යපාදයෙනි.... මං බරණැස් රජ්ජුරුවන්ගේ පුත්‍රයා"

"ඕ.... හෝ.... ඉතින් පුත්‍රය, මෙහි පැමිණි කරුණ කිමෙක් ද?"

"ආචාර්යපාදයෙනි, ශිල්ප ශාස්ත්‍ර ඉගෙන ගන්ට."

"හොඳා.... එතකොට තොප ආචාර්ය පඬුරු ගෙනාවද, එහෙම නැත්නම් සේවා ශිෂ්‍යයෙක් වශයෙන් ආවාද?"

"ගුරුපඬුරු ගෙනාවා ආචාර්යපාදයෙනි" කියා කුමාරයා දිසාපාමොක් ආචාරීන්ගේ පාමුල කහවණු දහසේ මුදල් පසුම්බිය තබා වන්දනා කළා.

මෙහි සේවා ශිෂ්‍යයන් දහවල් කාලයේ ආචාර්යතුමාගේ වැඩ කටයුතු කරන්ට ඕනෑ. ඔවුන්ට උගන්වන්නේ රාත්‍රියට යි. ගුරුපඬුරු ගෙනා අය ආචාර්යතුමාගේ නිවසේ ම ජ්‍යෙෂ්ඨ පුත්‍රයන් වගේ ඇති දැඩි වෙමින් ශිල්ප ඉගෙන ගන්නවා. ඉතින් දිසාපාමොක් ආචාර්යතුමා කුමාරයාට සැහැල්ලු වේලාවක් බලා ශිල්ප උගන්වන්ට පටන් ගත්තා.

ඉතින් කුමාරයා ශිල්ප උගනිද්දී දවසක් ආචාර්යපාදයන් එක්ක නාන්ට ගඟට ගියා. ඒ යන පාරේ එක මැහැල්ලක් තල සෝදා පැදුරක දමා අව්වේ වේලෙන්ට දාලා එය රකින්ට පැත්තකින් වාඩිවෙලා සිටියා. කුමාරයාට සේදූ තල දැකලා කන්ට ආසා හිතුනා. පාත්වෙලා තල මිටක් අතට අරගෙන කකා ගියා. "හෝ.... මේ කොලුවා තල කන්ට ආසා ඇති" කියා සිතලා වයසක අම්මා එදා නිශ්ශබ්ද වුනා. කුමාරයා දෙවෙනි දවසෙත් නාන්ට යද්දී කලින්දා වගේ ම තලමිටක් අරගෙන කකා ගියා. තුන්වෙනි දවසෙත් ඒ වැඩේ ම කළා. එතකොට වයසක අම්මා හයියෙන් හඬ තල දී හිස අත් බැඳ කෑ ගසන්ට පටන් ගත්තා. "මේං බලාපල්ලාකෝ වැඩක්.... යසයි..! දිසාපොමොක් ආචාරීන් තමුන්නේ ගෝලයින් ලවා මගේ තල මංකොල්ල කනවෝ..." කියලා.

දිසාපාමොක් ඇදුරුතුමා නැවතුනා. "ඇයි.... මැණියෙනි මක් වුනාද?"

"ස්වාමී.... තමුන්නාන්සේගේ ඔය ගෝලයා පෙරේදා මයෙ තල මිටක් කෑවා. මං නිකං උන්නා. ඊයෙත් තල මිටක් කෑවා. ඒත් ඉවසුවා. ඕං අදත් කෑවා! මෙහෙම මයෙ තල ටික කන්ට ගියොත් මට මොකොවත් ඉතුරු වෙන එකක් නෑ."

"හරි.... හරි.... මැණියෙනි.... දූන් අඬන්ට කෑගහන්ට කාරි නෑ.... ඒකට වියදම මං ගෙවන්නම්."

"නෑ.... ස්වාමී.... මට ඒකට වියදම් ඕනැන්නේ නෑ. මීට පස්සේ මෙවැනි දේ නොකරන්ට තමුන්නේ ඔය කුමාරයා හදා ගන්ට. හික්මවා ගන්ට."

එතකොට ආචාර්යපාදයෝ ළමයි දෙන්නෙක් ලවා කුමාරයාගේ දෙඅත් අල්ලා ගන්ට කීවා. එතැන තිබුන උණපතුරක් අරගෙන 'කුමාරයා ආයෙත් මෙවැනි වරදක් කරන්ට එපා' කියල පස්සා පැත්තට පාරවල් තුනක් ගැහුවා. කුමාරයාගේ සිතට මහා තරහක් හටගත්තා. කෝපයෙන් දෑස් රතු වී ගියා. දෑසින් රවාගෙන ආචාර්යපාදයන්ගේ පාමුල සිට හිස් මුදුන දක්වා කෝපයෙන් බලා සිටියා. ආචාර්යපාදයන්ට තේරුනා මොහු තමන් දෙස මහා වෛරයකින් බැලූ වග. නමුත් ආචාර්යපාදයෝ ඒ ගැන නොදැනගත්තා වගේ උන්නා.

කුමාරයා ශිල්ප ශාස්ත්‍ර හදාරා අවසන් කළා. "මට මේ කළ අවනම්බුවට මේ පුද්ගලයාව මා විසින් මරා දැමිය යුතුයි" කියලා හිතේ දැඩිව පිහිටුවා ගත්තා. තක්සිලාවෙන් පිටත් වෙද්දී ආචාර්යපාදයන්ට වන්දනා කළා. "ආචාර්යපාදයෙනි, මම බරණැස රජකම ලැබුනාට

පස්සේ මං පයිංඩයක් එවන්නම්. එතකොට ඒ පැත්තේ නොවැරදීම එන්ට ඕනෑ හොඳේ!" කියලා ව්‍යාජ හිතවත්කමක් පෙන්නා පිටත්ව ගියා. බරණැස ගොහින් පිය රජ්ජුරුවෝ බැහැ දැක තක්සිලාවෙන් උගත් ශිල්ප පෙන්නුවා. රජ්ජුරුවන්ට හරි සතුටුයි. "අගෙයි.... පුත්‍රය, අගෙයි, මයෙ පුත්‍රයා ඉතා හොඳින් ශිල්ප හදාරා, කිසි ආපදාවකින් තොරව නැවතත් ආවා. එසේ නම් මා ජීවත්ව ඉන්දැද්දී ම මයේ පුත්‍රයා රාජ්‍ය පාලනයේ යෙදෙන අයුරුත් මට බලන්ට ඕනෑ" කියා කුමාරයාව රාජ්‍යයේ අභිෂේක කෙරෙව්වා.

මේ රජ්ජුරුවෝ රාජ්‍ය ශ්‍රීයෙන් කල්යවද්දී ආචාර්යපාදයන් තමන්ට දඬුවම් කළ අයුරු මතක් වීමෙන් ඒ පුද්ගලයාව නම් මරන්ට ම ඕනෑ" කියා ආචාර්යපාදයන්ට බරණැසට එන ලෙස ඇරයුම් කොට දූතයෙක් පිටත් කෙරෙව්වා. පණිවිඩය ලත් ආචාර්යපාදයෝ මෙහෙම සිතුවා. "ම්.... ඔය මට ඇරයුම් කරන්නේ එදා මං දිහා බැලූ කරුණු ඉෂ්ට කරගන්ටයි. තවම රජතුමා තරුණයි. තරුණ කාලේ කරුණු කාරණා පහදා දෙන්ට අමාරුයි. මධ්‍යම වයස වෙද්දී යන්ට ඕනෑ" කියා සිතුවා. දැන් මධ්‍යම වයසට පත් ව සිටි රජතුමාව දැක ගැනීමට මහලු වයසේ ඉන්න දිසාපාමොක් ආචාර්යපාදයෝ බරණැසට ආවා. තක්සිලාවෙන් තමන්ට ශිල්ප ඉගැන්නූ දිසාපාමොක් ආචාරීන්ව දුටු කෙණෙහි කෝපයට පත් වූ රජ්ජුරුවන්ගේ දෑස් රතුවුනා. ඇමතිවරුන්ට මෙහෙම කිව්වා. "භවත්නි, ඔය ආචාර්යවරයා එදා මගේ පිටට ගැසූ පහර තවම රිදෙනවා. මොහු ඇවිත් තියෙන්නේ නළලේ මරණය කොටාගෙනයි. අද මොහුගේ අවසන් දවස" කියා මේ ගාථාවන් පැවසුවා.

1. **ඉතාම සුළු තල ඇට මිට ලොකු වී ඔබට**
යාළුවන් ලවා මාගේ දෑත් දෙපස කොට
උණ පතුරෙන් ගැහුවා නේද මට තුන්වරකට
තවමත් රිදි රිදී එය ම එනවා මතකෙට

2. **ජීවිතයට ආසාවක් නොමැතිද තොප හට**
ඇයි ද බමුණ ආවේ මෙහි මරණය හමුවට
අල්ලාගෙන මගේ දෑත තදින් ම දෙපසට
ගැහුවා නේද උණපතුරෙන් මට තුන්වරකට

එතකොට බෝධිසත්වයෝ මේ ගාථාවෙන් පිළිතුරු දුන්නා.

3. **උතුම් කෙනෙක් උතුම් නොවන දෙයක් කෙරුව විට**
යමෙක් දඬුවමින් ගත් විට ඔහු හරි මගකට
සෙත ම යි සැලසුනේ ඔහුට නිසි මග ආ විට
වෛරයකට කිසිවක් නැත නුවණැත්තන් හට

මේ ගාථාව පැවසූ බෝධිසත්වයෝ තවදුරටත් රජ්ජුරුවන්ට මෙහෙම කිව්වා. "මහරජුනි, මේක ඔබතුමා ම තේරුම් ගන්ට. මෙවැනි දෙයක් හේතු කරගෙන වෛරය ඇති කරගැනීම සුදුසු දෙයක් නොවෙයි. ඉදින් මහරජුනි මං එදා ඔබතුමාව ඒ විදිහට හික්මෙව්වේ නැත්නම්, මං ඒ වරද ගණන් නොගෙන සිටියා නම් කල් යද්දි යද්දි කැවුම් සකුරු ආදියත් පලවැල ආදියත් ඒ විදිහට ම ගන්ට පුරුදු වෙනවා. හොරකමට ඇබ්බැහි වී ගියා නම් අනුක්‍රමයෙන් ගම්පහරන මංපහරන සාතනාදිය කරන සොරෙක් වෙන්ට ඉඩ තිබුනා. එහෙම වෙලා රාජාපරාධ සොරෙක්ය කියා අල්ලාගෙන ගිහින් තමුන්නේ වැරැද්දට ගැලපෙන රාජ දඬුවමට ලක් වුණා නම් අද ඔබතුමා විඳින මෙබඳු රාජසම්පත් අනුභව කරන්ට ලැබේවිද? මං එදා

ඔබතුමාව වරදින් වළක්වා මෙබඳු පදවියකට සුදුස්සෙක් කරපු නිසයි අද මේ යස ඉසුරු ලබා ඉන්නේ.

ආචාර්යපාදයන්ගේ කතාව අසා සිටි පරිවාර ඇමතිවරු රජ්ජුරුවන්ට කාරණාව තවදුරටත් පහදා දුන්නා. "දේවයන් වහන්ස, අපගේ ආචාර්යපාදයෝ කීවේ සම්පූර්ණ සත්‍යයක්. මෙතුමා ම යි ඔබවහන්සේ ව රාජ්‍යභාරය උසුලා සිටීමේ මහා පුණ්‍යවන්තයෙක් බවට පත් කළේ. ඔබතුමා භුක්ති විඳින මේ ඉසුරු සම්පත්තිය ආචාර්යපාදයෙන්ගේ ම කුසලතා මහිමයෙන් ලද දෙයක්!"

එකෙණෙහි ම රජ්ජුරුවන්ට සිහිය පිහිටියා. තම ආචාර්යපාදයෝ එදා තමන්ව භයානක ඉරණමකින් බේරාගත්තා නේද කියා ආචාර්යපාදයන්ගේ ගුණ මතක් වෙන්ට පටන් ගත්තා. රාජාසනයෙන් ඉබේම නැගිට්ටුනා. පඩියෙන් පහළට දුවගෙන විත් ආචාර්යපාදයන්ට වන්දනා කළා. "භවත් ආචාර්යපාදයෝ නිසා ම යි මේ ඉසුරු සම්පත් මට ලැබුනේ. මං මේ රාජ්‍යයත් ඔබතුමාට ම දෙනවා."

"නැත මහරජුනි, මට රාජ්‍යයක අවශ්‍යතාවක් නෑ."

එතකොට රජ්ජුරුවෝ ආචාර්යපාදයන්ට පුරෝහිත තනතුර දුන්නා. තක්සිලාවෙන් ආචාර්යපාදයන්ගේ අඹුදරුවන්වත් ගෙන්නා ගත්තා. නිසි සැලකිලි ගම්වර ආදිය ලබා දුන්නා. ආචාර්යපාදයන්ගේ අනුශාසනා පරිදි රාජ්‍යකරණයෙහි යෙදුනු රජතුමා දානාදී පින්කොට මරණින් මතු දෙවියන් අතර උපන්නා.

භාග්‍යවතුන් වහන්සේ මේ ජාතකය වදාරා චතුරාර්ය සත්‍ය ධර්මදේශනාව වදාළා. ඒ දෙසුම අවසානයේ

ක්‍රෝධ සිත් ඇතිව සිටි භික්ෂුව අනාගාමී ඵලයට පත් වුනා. තවත් බොහෝ භික්ෂූන් වහන්සේලා සෝවාන්, සකදාගාමී, අනාගාමී ආදී මාර්ගඵලයන්ට පත්වුනා.

මහණෙනි, එදා ක්‍රෝධ සිත් ඇති රජුව සිටියේ අද ක්‍රෝධයෙන් සිටි භික්ෂුවයි. දිසාපාමොක් ආචාර්යපාදයන්ව සිටියේ මම'ය කියා භාග්‍යවතුන් වහන්සේ මේ ජාතකය නිමවා වදාළා.

03. මණිකණ්ඨ ජාතකය

මැණික ඉල්ලීම නිසා අකමැතිව පලා ගිය මණිකණ්ඨ නාගරාජයාගේ කතාව

පින්වතුනේ, පින්වත් දරුවනේ,

අනුන්ගෙන් උදව් ඉල්ලීම වුනත් බැරිම තැනකදී හැර නිතර නිතර ඉල්ලන්ට හොඳ නෑ. එහෙම වුනොත් ඒක අනුන්ට මහා කරදරයක්, වධයක්, පීඩාවක්. එතකොට ඉල්ලන කෙනාව දැක්ක ගමන් අනිත් අය භය වෙනවා. මුහුණ නොදී මගහරිනවා. කොටින් ම හිතවත්කම් පවා නැතිව යනවා. ඉල්ලීම නරක දෙයක් බව මේ කතාවෙන් හරි අගේට පේනවා.

ඒ දිනවල අපගේ භාග්‍යවතුන් වහන්සේ වැඩ වාසය කොට වදාළේ අලව් නුවර අග්ගාළව චෛත්‍යස්ථානයේ. ඔය කාලයේ අලව් නුවර වාසය කළ භික්ෂූන් වහන්සේලා තම තමන්ට කුටි හදවා ගන්ට මිනිස්සුන්ගෙන් නොයෙක් දේවල් ඉල්ලන්ට පටන් ගත්තා. "අනේ අපට බාස් කෙනෙක් දෙන්ට, අත්වැඩකාරයෙක් දෙන්ට, අසවල් දේ දෙන්ට, අසවල් දේ දෙන්ට" කියා මිනිසුන්ට කරදර කරන්ට පටන් ගත්තා. මිනිස්සුන්ට මේක මහා හිංසාවක් වුනා. භික්ෂූන් වහන්සේ නමක් පාරේ වඩිනවා දැක්කත් මිනිස්සු භය වුනා. තැති ගත්තා. මග හැර ගියා. පළා ගියා.

එදා අපගේ මහා කස්සප මහරහතන් වහන්සේ අලව් නගරයේ පිඬු සිඟා වැඩියා. මිනිස්සු මහාකස්සප මහරහතන් වහන්සේව දැකලත් ළං වෙන්ට භය වුනා. පිණ්ඩපාතෙන් පස්සේ අපේ මහා කස්සපයන් වහන්සේ භික්ෂූන්ගෙන් මේ කාරණය ඇසුවා. "ඇවැත්නි, මං අද මේ අලව් නුවර පිණ්ඩපාතේ වැඩියා. මිනිස්සු ගොඩාක් වෙනස් වෙලා. ඉස්සර වගේ නෙවි. ඉස්සර භික්ෂුවට මොනතරම් පහසුවෙන් දානමාන ටික ලැබෙනවාද."

"අනේ ආයුෂ්මතුන් වහන්ස, ඒක නේන්නම්. අපේ උන්නාන්සේලාගේ වැරැද්දෙන් මෙහෙම වුනේ. ඇයි මේ කුටි හැදිල්ලක් පටන් අරගෙන, හිතවත් දායකයන් පස්සේ ගිහින් ගිහින් වැඩට මිනිස්සු ඉල්ලනවා. උපකරණ ඉල්ලනවා. මේ ඉල්ලීමේ ඉවරයක් නෑ නොවැ. මිනිස්සුන්ට පිංකම් එපා වුනා. ඇයි මේක මහා වදයක් නොවැ. ඒකයි මිනිස්සු භික්ෂුවක් දුටු ගමන් නොදැක්කා වගේ යන්නේ.

එතකොට මහාකස්සප මහරහතන් වහන්සේ මේ කාරණය අලව්නුවර අග්ගාලව චෛත්‍යස්ථානයේ වැඩහුන් අපගේ භාග්‍යවතුන් වහන්සේට දැනුම් දුන්නා. භාග්‍යවතුන් වහන්සේ භික්ෂූන් වහන්සේලා රැස් කරවා මෙසේ අසා වදාළා. "සැබෑ ද මහණෙනි, මිනිස්සුන්ගෙන් උපකරණ, සේවක කාරකාදීනුත් ඉල්ල ඉල්ල කුටි ඉදිකරනවා කියන්නේ සත්‍යයක් ද?"

"එහෙමයි භාග්‍යවතුන් වහන්ස" කියා භික්ෂූන් පිළිතුරු දුන්නා. එසේ කිරීම ගැන භික්ෂූන්ට දෝෂාරෝපණය කළ භාග්‍යවතුන් වහන්සේ එසේ කුටි ඉදි කිරීම තහනම් කරමින් ශික්ෂාපදයකුත් පනවා මෙසේත් වදාළා. "මහණෙනි, අනුන්ගෙන් ඉල්ලනවා

කියන්නේ සප්තරත්නයෙන් පිරිපුන් නාගභවනේ නාගයිනුත් අකමැති දෙයක්. එහෙම එකේ මිනිසුන් ගැන කවර කතාද! මිනිස්සු එක් රන් කහවණුවක් උපදනවා කියන්නේ ගලකින් මස් උපුටනවා වගේ වැඩක්" කියා මේ අතීත කතාව ගෙනහැර දක්වා වදාළා.

මහණෙනි, ගොඩාක් ඉස්සර කාලෙක බරණැස්පුරේ බ්‍රහ්මදත්ත නමින් රජ්ජුරු කෙනෙක් රාජ්‍ය කරමින් සිටියා. ඔය කාලේ මහා බෝධිසත්වයෝ මහා ධනවත් බ්‍රාහ්මණ පවුලක උපන්නා. බෝධිසත්වයෝ කුඩා අවදියේ ම ඒ පවුලට තවත් පින්වත් සිඟිත්තෙක් උපන්නා. මේ සහෝදරයෝ දෙන්නා මව්පියන්ගේ ඇවෑමෙන් පස්සේ හිමාලෙට ගිහින් ඍෂි පැවිද්දෙන් පැවිදි වෙලා ගංගා නම් ගඟ අයිනේ කුටි දෙකක් කරවාගෙන වාසය කළා.

එයින් බෝධිසත්වයන්ගේ කුටිය තිබුණේ ගඟේ උඩ පැත්තට වෙන්ට. සහෝදර තාපසයාගේ කුටිය තිබුනේ ගඟ පහළට වෙන්ට. දවසක් මණිකණ්ඨ කියන නාගරාජයා නාග ලෝකෙන් ඇවිත් මනුස්සවේශයක් මවාගෙන ගංගා තීරයේ ඇවිද ඇවිද සිටිද්දී පොඩි තාපසයන්ගේ කුටියට ගොඩ වුනා. තාපසයන්ට වන්දනා කොට සතුටු සාමීචි කතා බහේ යෙදුනා. මේ විදිහට වරින් වර කුටියට ඇවිත් කතාබස් කිරීමෙන් මේ දෙන්නා තුළ එකිනෙකා නොදැක ඉන්ට බැරි තරමට දැඩි විශ්වාසයක් ඇති වුනා. කලක් යද්දී තමන් මනුස්සයෙක් නොවන බවත් නාගයෙක් බවත් තාපසයාට කිව්වා. නමුත් ඒක හිතවත්කමට බාධාවක් වුනේ නෑ. කල්‍යාමේදී මණිකණ්ඨ නාගරාජයා කුටියෙන් ආපසු යන්ට කලින් දැඩි ස්නේහය නිසා මිනිස් වෙස් අත්හැරලා නාගවේශයෙන් අර තාපසයාගේ මුළු ශරීරය ම වෙලා ගන්නවා. තාපසයාගේ හිස මුදුනින්

පෙනේ විදහාගෙන ඉන්නවා. ඒ විදිහට තමන්ගේ ආදරය දක්වා ඊටපස්සේ වෙලුම් ලිහා ආයෙමත් මිනිස් වෙස් අරගෙන තාපසින්නාන්සේට වන්දනා කරලා තමන්ගේ නාගභවනට යනවා.

නාගරාජයා තමන්ව වෙලා ගනිද්දී තාපසින්නාන්සේගේ ඇඟ හිරිවැටී යනවා. මහත් සේ බියට තැතිගැනීමට පත් වෙනවා. හිතවත්කම නිසා මොකවත් කියාගන්ටත් බැරිව අසරණ වුනා. මේ හේතුව නිසා තාපසින්නාන්සේ දිනෙන් දින හොඳටෝම කෙට්ටු වුනා. නහරවැල් පැදී ගිය ශරීරයක් ඇති වුනා.

දවසක් තාපසින්නාන්සේ ගඟේ උඩහ කුටියේ උන් වැඩිමහල් තාපසයන්ව බලන්ට ගියා. වැඩිමහල් බෝසත් තාපසයා තමන්ගේ සොයුරු තාපසයා දුටු ගමන් මෙහෙම ඇසුවා. "ඇ.... මලණ්ඩ.... මොකදෑ මේ වුනේ. ඇඟපත දිරා ගොහින්. නහරවැල් පෑදිලා. හැබෑට මොකද්ද මේ තාපසයාට වුනේ?" එතකොට ඒ තවුසා මණිකණ්ඨ නමැති නාගරාජයාගේ හිතවත්කමත්, ඔහු නාගවේශයෙන් තමන්ගේ සිරුර වෙලා ගැනීම ගැනත් ඒ නිසා සිතේ හටගන්නා භීතිය ගැනත් කියා සිටියා. "හරි.... එහෙනම් ශරීරය මෙතරම් කෘශ වෙන්ට හේතුව ඕක තමා. දැන් ඔබ මොකද්ද කියන්නේ? ඔය නාගරාජයා කුටියට එනවාට සතුටු ද? නොඑනවාට සතුටු ද?"

"නොඑනවාට යි සතුටු." "හරි.... එතකොට ඔය නාගරාජයා එන්නේ මොකුත් ආභරණාදියක් පැළඳගෙනද?" "පැළඳගෙන එන්නේ." "හරි.... මොකක්ද පැළඳගෙන එන්නේ?" "ඒ නාගරාජයා හරිම ලස්සන නාගමාණික්‍යරත්නයක් පැළඳගෙන එන්නේ." "හරි.... එක

දෙයයි කරන්ට තියෙන්නේ. අනිත් දවසේ නාගරාජයා කුටියට ආ විට වාඩිවෙන්ට කලියෙන් ම 'අනේ මිත්‍රයා ඔය නාග මාණික්‍යය මට දෙන්ට' කියා ඉල්ලන්ට. එතකොට ඇඟ වෙලා ගැනීම පැත්තකින් තියා උන්දෑ අසතුටින් හැරී යාවි. අනිත් දවසේ කුටියේ දොරටුව ළඟට එනකොට ම මැණික ඉල්ලන්ට. අනිත් දවසේ ඔයා ගංතෙරට ගිහින් නාගරාජයා ගඟෙන් උඩට මතුවෙනකොට ම ඉල්ලන්ට.... නාගරාජයා ඊට පස්සේ එන එකක් නෑ" කියා උපදෙස් දුන්නා.

පොඩි තාපසයත් 'හොඳා' කියා ඒ උපදෙස් හිතට අරගෙන කුටියට ගියා. පසුවදා නාගරාජයා ආවා. කුටියට ගොඩවෙලා සිටගෙන සිටිද්දි ම "අනේ මිත්‍රයා, ඔබ ඔය පැළඳගෙන ඉන්න මාණික්‍ය මට දෙනවැයි?" කියා ඉල්ලුවා. එතකොට ම ඔහු වාඩි නොවී ආපසු යන්ට ගියා. දෙවන දවසේ කුටි මිදුලේ ගේට්ටුව ළඟ සිටිද්දී "අනේ මිත්‍රයා, ඊයේ මට මාණික්‍ය රත්නය දුන්නේ නෑ නොවැ. අද නම් දෙන්ට ම ඕනෑ ඕං" කියා ඉල්ලුවා. නාගරාජයා කුටි මිදුලටත් නැවිත් ආපසු ගියා. අනිත් දවසේ ගංගා ජලයෙන් උඩට ගොඩවෙද්දී ම "අනේ මේ.... මිත්‍රය, මං අද තුන්වෙනි දවසේ ඔබගේ මැණික ඉල්ලන්නේ. අද නං මට ඔය මැණික දෙන්ට ම ඕනෑ ඕං" කියා ඉල්ලා සිටියා. එතකොට නාගරාජයා දියේ සිටියදී ම මැණික නොදී මේ ගාථාවන් කියා සිටියා.

(1)

අනේ මිතුරු මේ මැණික නිසයි
- හැම දෙයක් ම මං ලැබගන්නේ
කන්නට බොන්නට ඇඳ පළඳින්නට
- හැම සම්පත මෙ නිසයි එන්නේ

පමණ ඉක්මවා තුන්වෙනි දිනටත්
- මගෙන් මැණික ම යි ඉල්ලන්නේ
හපොයි ඉතින් මං යනවා යන්නට
- ඔය කුටි පෙදෙසට නෑ එන්නේ

(2)

මට ගහන්ට ගල්ගෙඩියක් අතට ගත්තු
- තරුණයෙකුගෙ විලසින්නේ
මැණික මගෙන් ඉල්ල ඉල්ල
- තර්ජනයකි මට දෙන්නේ
පමණ ඉක්මවා කරදර කරන ඔබට
- නෑ මං මැණිකක් දෙන්නේ
හපොයි ඉතිං මං යනවා
- ආයෙත් නම් මේ පැත්තට නෑ එන්නේ

කියලා නාගරාජයා දියේ ගිලුනා. ආයෙ කවරදාකවත් ආවේ නෑ. එතකොට පොඩි තාපසින්නාන්සේට අලංකාර රූපවිලාස ඇති නාගරාජයා දැකගන්ට නැතිකම නිසා හිතට ගොඩාක් දුක හිතුනා. ඒ ගැන කල්පනා කරකර සිටීමෙන් තවත් හොඳටම කෙට්ටු වෙලා ගියා. බෝධිසත්ව තාපසයෝ තම සොයුරු තාපසයන්ගේ තොරතුරු දැන ගන්ට ඕනෑ කියලා ඔහුගේ කුටියට ගිය වේලාවේ දැක්කේ හොඳට ම දුර්වලව ඉන්න තාපසයින්වයි. "අයියෝ.... මලණ්ඩ.... පාණ්ඩුරෝගියෙක් වගේ තවත් හොඳටම කෙට්ටුවෙලා ගිහින් නොවැ."

"ඒක තමයි.... තාපසතුමනි.... මට දැන් අර දර්ශනීය දේහ විලාස ඇති නාගරාජයාව දකින්ට නැති නිසා තවත් දුක ඇති වුනා. ඒ නිසා කන්ට බොන්ටත් අපහසුයි. ඒක වෙන්ටැති මෙතරම් දුරුවල වුනේ."

එතකොට බෝධිසත්වයෝ මේ ගාථාව පැවසුවා.

(3)

තවත් කෙනෙකු ආස දෙයක්
- ඉල්ලන්නට හොඳ නැති වග
- දැනගත යුතු වන්නේ
වැඩිපුර ඉල්ලන්ට ගියොත්
- ඒ කෙනාව තවදුරටත්
- අප්‍රිය ම යි වන්නේ
නාගයගෙන් මැණිකක්
- ඉල්ලන්නට ගිය බමුණාහට
- වුන දේ ම යි වන්නේ
ඒ නිසාම ආයෙත් නම්
- නාගයාව ඔහු හට
- දැකගන්නට නොලැබෙන්නේ

මෙහෙම කියලා පොඩි තාපසින්නාන්සේව නොයෙක් දහම් කරුණු කියා අස්වැසෙව්වා. ශෝකය දුරු වෙන්ට උපදෙස් දුන්නා. කලක් යද්දි සහෝදර තාපසවරු දෙන්නා ම ධ්‍යාන, අභිඥා සමාපත්ති උපදවාගෙන මරණින් මතු බඹලොව උපන්නා.

මහණෙනි, මෙයින් තේරුම් ගත යුත්තේ සප්ත රත්නයන් පිරී ඇති නාග භවනේ වසන නාගයින්ටත් ඉල්ලීම ප්‍රියදෙයක් නොවේ. මනුස්සයන්ගෙන් ඕනෑවට වඩා ඉල්ලන්ට ගියොත් ඔවුන් අමනාප වෙන එක අහන්ට දෙයක් ද! මහණෙනි, එදා පොඩි තාපසයෝ වෙලා සිටියේ අපගේ ආනන්දයෝ. වැඩිමහල් තාපසයාව සිටියේ මම යි” කියා භාග්‍යවතුන් වහන්සේ මේ ජාතකය නිමවා වදාළා.

04. කුණ්ඩක කුච්ඡි සින්ධව ජාතකය

සුණුසහලින් කුස පුරවාගෙන සිටි සෛන්ධවයාගේ කතාව

පින්වතුනේ, පින්වත් දරුවනේ,

අපට යමක් ලැබෙන්ට උරුමයක් තියෙනවා නම් එහි තේරුම පෙර ආත්මයේ කිසියම් සම්බන්ධයක් ඒ උරුමයත් සමග බැඳී තියෙන බවයි. මෙය එබඳු කතාවක්.

ඒ දිනවල අපගේ භාග්‍යවතුන් වහන්සේ වැඩ වාසය කොට වදාළේ සැවැත්නුවර ජේතවනයේ.

ඒ කාලේ අපගේ භාග්‍යවතුන් වහන්සේ දඹදිව චාරිකාවේ වැඩම කරලා නැවත ජේතවනයට වැඩම කළා. එතකොට මිනිස්සු 'අපගේ භාග්‍යවතුන් වහන්සේටත්, භික්ෂු සංඝයා වහන්සේලාටත් ආගන්තුක දන් පූජා කරන්ට ඕනෑ' කියලා බුද්ධප්‍රමුඛ මහාසංඝයාට දන්පැන් පූජා කරන්ට පටන් ගත්තා. ආරාධනාවන් ලැබෙන හැටියට භික්ෂූන් වහන්සේලාව ඒ ඒ තැනට පිටත් කරවීමේ පහසුව තකා විහාරයේ එක් භික්ෂුවක් 'ධම්මඝෝෂක' නමින් පත්කර ගත්තා. මිනිස්සු දානයට උවමනා භික්ෂූන් වහන්සේලා ඉල්ලා ගන්නේ අර භික්ෂුවගෙනුයි.

එතකොට එක්තරා දුගී දුප්පත් වයසක අම්මා කෙනෙක් එක නමකට සෑහෙන විදිහට දානෙ පොඩ්ඩක් හදලා භික්ෂූන් වහන්සේ නමක් ලබා ගන්නා අදහසින් ජේතවනයට ගියා. වේලාසනින් ආ මිනිස්සු තම තමන්ට ලැබුණු භික්ෂූන් වහන්සේලාව වඩමවාගෙන ගියා. ඉතින් අර වයසක අම්මා ධම්මසෝෂක භික්ෂුව මුණ ගැහී තමුන්නේ ගෙදරටත් වඩමවා ගන්ට භික්ෂුවක් ඕනෑ කියලා කීවා. එතකොට ඒ භික්ෂුව මෙහෙම කිව්වා. "අම්මා.... සියලුම ස්වාමීන් වහන්සේලාව දානවලට වඩමවාගෙන ගියා නොවැ. හැබැයි අපගේ ධර්ම සේනාපතීන් වහන්සේ නම් විහාරේ වැඩ ඉන්නවා. අම්මා එහෙනම් උන්වහන්සේට දානේ දෙන්ට."

"අනේ ස්වාමීනී.... කොයිතරම් දෙයක් ද!" කියා ඒ වයසක අම්මා ගොඩාක් සතුටු වුනා. සාරිපුත්තයන් වහන්සේ එළියට වඩිනකල් මග බලාගෙන සිටියා. උන්වහන්සේ වැඩිය විට ගිහින් වන්දනා කොට පාත්තරය ඉල්ලාගෙන තමන්ගේ පැලට වඩමවාගෙන ගියා. "ආන්න අපගේ ධර්මසේනාධිපතීන් වහන්සේ අර ආච්චිගේ ගෙදර දානෙට වැඩියා නොවැ. වරෙල්ලා පින්වත්නි, අපිත් යමු උන්නාන්සේට උපස්ථාන කොරන්ට" කියා සැදැහැවත් පිරිස ඒ පැලට එන්ට පටන් ගත්තා. කෝසල මහරජුටත් මෙය ආරංචි වුනා.

"අපගේ ආර්යයන් වහන්සේට දානේ පූජා කරද්දී මේ එවන සළුව උන්නාන්සේ වාඩිවෙන ආසනේට දාන්ට ඕනෑ. මේ දානෙත් පූජා කරන්ට ඕනෑ" කියලා රජ්ජුරුවෝ කහවණු දහසක් වටිනා සළුවකුයි, දානෙ පසුම්බියකුයි ආච්චිගේ ගෙදරට එව්වා. ඒ වගේම අනේපිඬු මහාසිටාණෝ, සුළුඅනේපිඬු මහාසිටාණෝ, විශාඛා මහා

උවැසිය ආදී පිරිසත් ආච්චිගේ නිවසට තෑගි පඬුරු එව්වා. ගොඩාක් මිනිස්සු ආච්චිට තෑගි භෝග එව්වා. එදා දවසේ ආච්චිට කහවණු විතරක් ලක්ෂයක් විතර ලැබුනා. නමුත් එදා අපගේ සාරිපුත්තයන් වහන්සේ වැළඳුවේ ආච්චි දානෙට හදපු කැඳයි, කැවිලියි, බතුයි විතරයි. දානෙන් පස්සේ වදාළ ධර්මදේශනාවේදී ඒ ආච්චි සෝවාන් ඵලයට පත් වුනා.

එදා දම්සභා මණ්ඩපයට රැස්වූ භික්ෂූන් වහන්සේලා අපගේ සාරිපුත්තයන් වහන්සේ තුළ ඇති මහා ගුණසම්පත්වලට ස්තුතිප්‍රශංසා කරමින් සිටියා. "අනේ ඇවැත්නි, අපගේ ධර්මසේනාධිපතීන් වහන්සේගේ අහිංසක ගුණධර්ම ගැන හරි පුදුමයි. අර දුගී දුප්පත් පැල්පතට වැඩලා වළඳා තියෙන්නේ ඒ ආච්චි හදපුවා විතරයි. ඒ නිසා ම තමයි ඇට එතරම් ම මහා ධනයකුත් ලැබුනේ. ඈ දිළිඳු භාවයෙනුත් නිදහස් වුනා. සිව් අපායෙනුත් නිදහස් වුනා. හරීම අසිරිමත්!"

ඒ අවස්ථාවේ අපගේ භාග්‍යවතුන් වහන්සේ එතැනට වැඩම කොට වදාළා. භික්ෂූන් වහන්සේලා තමන් කතා කරමින් සිටි කරුණ භාග්‍යවතුන් වහන්සේට සැළකළා.

"මහණෙනි, අපගේ සාරිපුත්තයෝ ඔය වයසක අම්මාට පිහිට වුනේ අද විතරක් නොවේ. ඈ දුන් ආහාර කිසි පිළිකුළක් නොදක්වා අනුභව කළේ අද විතරක් නොවේ. එදාත් එහෙම තමා!" කියා මේ අතීත කතාව ගෙනහැර දක්වා වදාළා.

"මහණෙනි, ගොඩාක් ඉස්සර කාලෙක බරණැස්පුරේ බ්‍රහ්මදත්ත නමින් රජ්ජුරු කෙනෙක් රාජ්‍ය කරමින් සිටියා. ඔය කාලේ බෝධිසත්වයෝ

උත්තරාපථයේ වෙළඳ කුලේක වෙළෙන්දෙක්ව උපන්නා. උත්තරාපථ ජනපදවාසී වූ පන්සියයක් අස්වෙළෙන්දෝ අශ්වයන්ව විකුණන්ට බරණැසට ගෙනාවා. වෙනත් අස්වෙළෙන්දෙකුත් පන්සියයක් අශ්වයින් සමග බරණැසට යන පාරේ ආවා. බරණැස යන අතරමග එක්තරා නියම්ගමක් තියෙනවා. ඒ නියම්ගමේ මහාධනවත් සිටුවරයෙක් සිටියා. කාලයාගේ ඇවෑමෙන් ඒ සිටුකුලේ ධනයත් පිරිහී ගියා. දැන් ඒ මහා සිටුනිවසේ වාසය කරන්නේ වයසක අම්මා කෙනෙක් විතරයි.

ඉතින් අර තනි අස්වෙළෙන්දා ඒ නියම්ගමට ඇවිදින් ඒ සිටු නිවසින් තමන්ට ඉන්ට තැනක් කුලියක් ගෙවන්නම් කියලා ඉල්ලා ගත්තා. අශ්වයන්වත් සිටු මිදුලේ පැත්තකින් තියාගත්තා. එදා ඒ අශ්වයන් අතර සිටිය ආජානේය වෙළඹක් පැටියෙක් වැදුවා. අස්වෙළෙන්දා දවස් දෙකතුනක් ඒ ගෙදර නැවතිලා රජ්ජුරුවන්ව බැහැදකින්ට යන්ට සූදානම් වෙලා නවාතැන් කුලී වයසක අම්මාට දෙන්ට සූදානම් වුනා. එතකොට වයසක අම්මා මෙහෙම කිව්වා.

"අනේ පුතේ, ඔය අලුත වදාපු අශ්ව පැටියා හරී අගෙයි පුතේ. මගේ තනියටත් හොඳා. අනේ පුතේ ඇහැක් නම් මගේ කුලියෙන් අඩු කරගෙන ඔය පැටියාව මට දීලා පලයන් පුතේ."

එතකොට අස්වෙළෙන්දා අශ්වපැටියාව ආච්චිට දීලා ගියා. එදා පටන් ආච්චි තමන්ගේ ම දරුවෙකුට වාගේ අශ්ව පැටියාට මහත් සේ ආදරය දැක්කුවා. ආච්චිට තියෙන හැටියට ඉතිරි වෙන දංකුඩ බත්, ඉතිරි වෙන තණකොළ ආදියෙන් කවා පොවා හදාගත්තා.

පස්සේ කාලෙක මහා බෝධිසත්වයෝ අශ්වයන් පන්සියයක් රැගෙන බරණැසට එමින් ගමන අර සිටුගෙදර නවාතැන් ගත්තා. සහල්කුඩු කන සෛන්ධව කුලේ අශ්ව පැටියා සිටි තැනින් හැමූ ගන්ධය ආඝ්‍රාණය කළ එක අශ්වයෙක්වත් ශාලාවට ඇතුළු වුනේ නෑ. බෝධිසත්වයෝ ආච්චිගෙන් ඒ ගැන ඇසුවා.

"අම්මා.... මේ ගෙදර කිසියම් අශ්වයෙක් ඉන්නවාද?" "අනේ පුතේ, වෙනත් අශ්වයෙක් නම් නෑ. මං දරුවෙකුට වගේ ආදරයෙන් සලකාගෙන ඇති දැඩි කරන අශ්ව පැටියෙක් නම් ඔය පැත්තේ ඇති."

"කොහිද අම්මා ඒ අශ්ව පැටියා ඉන්නේ?"

"අනේ පුතේ මයෙ හිතේ අපේ පුතණ්ඩියා ඇවිදින්ට ගොහින් වගේ" "කොයි වෙලාවට ද අශ්ව පැටියා එන්නේ?"

"තමුන්නේ නියමිත වෙලාවට එයා කොහේ ගියත් එනවා පුතේ"

එතකොට බෝධිසත්වයෝ අශ්ව පැටියාගේ පැමිණීම බලාපොරොත්තුවෙන් තමන්ගේ අශ්වයන්ව එළියෙන් තියාගෙන හිටියා. සෛන්ධව අශ්ව පැටියා හරියට ම තමන්ගේ වෙලාවට ආවා.

බෝධිසත්වයෝ ආච්චි දෙන කුඩුසහල් කන කුසකින් යුතු සෛන්ධව අශ්ව පැටියාගේ ලක්ෂණ විමසුවා. "ෂාහ්!... මේ මහා අනර්ඝ වූ ආජානේය කුලේ සෛන්ධව අශ්ව පැටියෙක් නොවැ! මේ ආච්චි ඉල්ලන ගානක් දීලා ගෙනියන්ට වටිනවා" අශ්ව පැටියත් තමන්ගේ පාඩුවේ ඇතුලට ඇවිත් තමන් ඉන්න තැන

නැවතුනා. බෝධිසත්වයෝත් දවස් දෙක තුනක් නැවතිලා අශ්වයන්ටත් විවේක දීලා ආපසු යන්ට සූදානම් වුනා.

"අම්මා.... මේ අශ්ව පැටියාව සල්ලිවලට මට දෙන්ට පුළුවන්ද?"

"ඈ.... මොනවා කියනවාද පුතේ.... ආදරෙන් හදන දරුවෝ විකුණන්නේ කවුද?"

"එතකොට අම්මා මෙයාට කන්ට බොන්ට දෙන්නේ මොනවාද?"

"මං මයෙ මේ පුතාට බත්, කැඳ, දංකුඩ, ඕය ඉතුරුවෙන තණරොඩු කවනවා. සුණුසහල් කැඳ පොවනවා. ඉතිං මං මට ඇහැක් විදියට මයෙ පැටියාට කන්ට බොන්ට දෙනවා."

"එහෙම නෙවෙයි අම්මා.... මට මෙයාව දුන්නොත් හොඳ රසවත් බොජුන් කවන්නම්. ඉන්න තැන උඩට උඩුවියන් බැඳලා, ඇතිරිලි මත ඉන්ට සලස්වන්නම්."

"එහෙමනම් පුතේ කොයිතරම් දෙයක්ද! මයෙ දරුවාට සැප සනීපේට ඉන්ට ලැබෙනවා. එක්කගෙන පලයං පුතේ"

"එතකොට බෝධිසත්වයෝ සෛන්ධව අශ්ව පැටියාගේ පා සතර මුලත්, වළිගය පාමුලත්, මුහුණට පහළිනුත් කහවණු දහස ගණනේ පසුම්බි බැඳලා කහවණු හයදහසක් තිබ්බා. ආච්චිට අලුත් ම වස්ත්‍ර පෙරෙව්වා. පොරොවා අශ්ව පැටියා ඉස්සරහට එක්කරගෙන ඇවිත් සිටෙව්වා. එතකොට අශ්ව පැටියා ආච්චි දිහා ඇස් විදහා බලාගෙන හිටියා. අශ්ව පැටියාගේ දෑසින් සට සට ගා

කඳුළු කඩා හැලුනා. එතකොට ආච්චි අශ්ව පැටියාගේ පිට අත ගගා ආදරයෙන් මෙහෙම කිව්වා.

"මයෙ පුතේ, මං ඔයාව මෙතෙක් දවසක් ආදරයෙන් ඇති දැඩි කළාට මෙයාලා මට සල්ලි දුන්නා පුතේ. උඹටත් මේ ගමනින් යහපතක් වේවි. ඔව් පුතේ.... මෙයාලත් එක්ක පලයන්" එතකොට අශ්ව පැටියාත් ඒ පිරිසත් එක්ක පිටත් වෙලා ගියා.

බෝධිසත්වයෝ පසුවදා අශ්ව පැටියා වෙනුවෙන් වෙන ම හොඳ රසට බොජුන් හදවා පැත්තකින් තිබ්බා. 'මං මෙයාගේ ආත්ම බලය තියෙනවා ද නැද්ද කියා විමසන්ට ඕනෑ' කියා කල්පනා කළා. භාජනයකට සුණුසහලින් කළ කැඳක් දමා දුන්නා. 'නෑ.... මේවා බොන්නේ කව්ද? මං කැමති නෑ මේවාට' කියා අශ්ව පැටියා කැඳ බීවේ නෑ. එතකොට අශ්ව පැටියාව විමසන අදහසින් මේ ගාථාව පැවසුවා.

(1)

ඔයා කලින් ආච්චි දුන්
- ඉතිරි වෙච්චි තණකොළත්
- හරි අගේට කෑව නේ
දංකුඩ බත් දුන්න විටත්
- සහල් කුඩුත් දුන්න විටත්
- නිශ්ශබ්දව කෑව නේ
මෙතෙක් කලක් ආච්චි ළඟ
- කන්ට බොන්ට තිබුනේ මේ දේ ම නේ
නමුත් ඔයා ඇයි දෝ දැන්
- ඒවා දුන් විට බලන්නේ ඉවත නේ

බෝධිසත්වයන්ගේ මේ ගාථාවට පිළිතුරු වශයෙන්

අශ්ව පැටියා මේ ගාථා දෙක කිව්වා.

(2)

මහපිනැතිය, කලින් හිටිය තැන අම්මා
- මං කව්දැයි කියා කිසිත් දන්නෙ නෑ
අශ්වයන්ගෙ තොරතුරු ගැන කිසිම දෙයක්
- ඒ අම්මා දන්නෙ නෑ
දංකුඩ බත් සහල් කුඩුත් ඈ දුන්නට
- කිසිවරදක් වෙන්නෙ නෑ
ඉතිං ඒවා මං එතනදි කාපු එකට
- කිසිම දොසක් වෙන්නේ නෑ

(3)

මං කවුදැයි කියලා ඔබ හොඳ හැටියට
- මගෙ තොරතුරු දන්නවා
මා වැනි උත්තම කුලයේ
- අශ්වයන්ට සලකන හැටි දන්නවා
වටිනාකම හොඳින් ම දැන මාව ගෙනත්
- ඔබ පසෙකින් ඉන්නවා
එනිසා මං ඔබ දෙන මේ සහල්කුඩුත්
- නොකා අහක බලනවා

කියලා මෙහෙමත් කිව්වා. "ඔබ මං ගැන හොඳාකාරව දැනගෙන ම නේ එක්කරගෙන ආවේ. දැන් මේ මගේ ආත්මබලය නේ විමසන්නේ. ඔබ ළඟදී මං සුණු සහල් කන්ට ලේස්ති නෑ. ඒ වගේම මං දන්නවා ඔබත් මට සුණුසහල් කැඳ පොවන්ට කැමතිත් නෑ. කහවණු සයදහසක් ම දීලා නොවැ ඔබ මාව ගත්තේ."

එතකොට බෝධිසත්වයෝ මෙහෙම කිව්වා. "හරි හරී.... මං මෙහෙම කළේ ඔයාව විමසන්ට තමා.

ඒ නිසා කේන්ති ගන්ට කාරි නෑ හොඳේ" කියලා පිට අතගා සැනසුවා. උතුම් භෝජන අනුභව කෙරෙව්වා. රාජාංගණයට එක්කරගෙන ගිහින් එක්පැත්තක පන්සියයක් අශ්වයන් සිටෙව්වා. තවත් පැත්තක තිරරෙදිවලින් වට කරවා යටට ඇතිරිලි අතුරා, උඩට වියන් බැඳලා සෙන්ධව අශ්ව පැටියාව තිබ්බා.

රජ්ජුරුවෝ සැපත්වෙලා අශ්වයන් දිහා බල බලා යද්දී "ඇයි අර විශේෂ විදිහට තිර රෙදි ඇඳලා අර අශ්වයෙක් තියලා තියෙන්නේ?"

"දේවයන් වහන්ස, මේ සෙන්ධවයෙක්. මෙයා තමයි අනිත් අශ්වයන්වත් බඳුවලින් නිදහස් කරන්නේ."

"ඕ.... හෝ..... එහෙනම් සෙන්ධවයා බොහොම ලස්සන ඇති නේ?"

"එහෙමයි, දේවයන් වහන්ස"

"එහෙනම් අපි මේ සෙන්ධවයාගේ ජවය බලමුද?" කියලා ඇසුවා.

එතකොට බෝධිසත්වයෝ අශ්වයාව සරසවා, අශ්වයා පිට නැගිලා "ඕං බලන්ට දේවයන් වහන්ස" කියලා මහාජනයාව ඉවත් කරවා රාජාංගණය මැදට අශ්වයා ගෙනාවා. මුළු රාජාංගණය ම නිරතුරුව අශ්ව සේනාවන්ගෙන් පිරිලා තියෙන්නේ. "ඕං දේවයන් වහන්ස, මේ සෙන්ධව පැටියාගේ වේගය බලන්ට එහෙනම්" කියා වේගයෙන් රවුමට මෙහෙයවෙව්වා. එක් මනුස්සයෙකුටවත් වේගයෙන් රවුමට දිව යන අශ්වයාව පෙනුනේ නෑ. ඊට පස්සේ අශ්වයාගේ බඳින් රතුවස්ත්‍රයක් වෙලා ආයෙමත් අසු මෙහෙයෙව්වා. ඒ වතාවේ රත්පට

විතරක් පෙනුනා. ඊට පස්සේ ඇතුළු නුවර තියෙන උද්‍යාන පොකුණු ජලය මතින් අසු මෙහෙයෙව්වා. ජලය මතින් වේගයෙන් දුවන අශ්වයාගේ කුර අගවත් දියෙන් තෙමුනේ නෑ. ඊට පස්සේ පොකුණේ නෙළුම් කොළ මතින් අසු මෙහෙයෙව්වා. වේගයෙන් දුවන අසුගේ කුරයකට එක් නෙළුම් පත්‍රයක්වත් යටට ගිලුනේ නෑ. ඔය විදිහට අශ්වයාගේ ජවය පෙන්නලා අසු පිටින් බැස්සා. බෝධිසත්වයෝ අත්පුඩියක් ගසා අතක අල්ල උඩු අතට පෙන්නුවා. එතකොට අශ්වපැටියා උඩපැන පා සතර ම එකතු කොට බෝධිසත්වයන්ගේ අල්ලේ සිටගත්තා.

බෝධිසත්වයෝ රජ්ජුරුවන්ට මෙහෙම කිව්වා. "දේවයන් වහන්ස, මේ අශ්ව පැටියාගේ වේගවත් බව සර්ව සම්පූර්ණයෙන් ම පෙන්වන්ට මුහුදු කෙළවරවත් ප්‍රමාණවත් වෙන්නේ නෑ. රජ්ජුරුවෝ කොයිතරම් සතුටු වුනාද කියන්නේ බෝධිසත්වයන්ට යුවරාජපදවිය පිරිනැමුවා. සෛන්ධව පැටියාව මංගල අශ්වයා හැටියට උත්සවාකාරයෙන් අභිෂේක කෙරෙව්වා. රජ්ජුරුවන්ගේ ඉතාම ප්‍රියමනාප වස්තුවක් බවට අශ්ව පැටියා පත්වුනා. මහා සත්කාර ලැබුනා. අශ්ව පැටියාට වාසය කරන්ට අලංකාර ලෙස සරසන ලද මණ්ඩපක් කෙරෙව්වා. බිම සිව්වැදෑරුම් සුවඳවර්ග ආලේප කළා. සුවඳ මල් මාලාවෙන් වට සැරසුවා. උඩින් තරු කැටයම් සහිත ලස්සන රෙදි වියනක් කෙරෙව්වා. වටේට ලස්සන වට තිර ඇද්දා. නිතර සුවඳ තෙල් පහන් දැල්වුනා. මල මූත්‍රා කරන්ට පවා රන් බඳුන් තබා තිබුනා. නිතරම රාජභෝජන පමණක් අනුභව කළා. ඒ සෛන්ධව පැටියා රජ්ජුරුවන්ට ලැබුණු දා පටන් මුළු දඹදිව සියලු රාජ්‍යයන් තමන් අතට පත් වුනා වගේ වුනා. රජ්ජුරුවෝ බෝධිසත්වයන්ගේ

අවවාදයේ පිහිටා දානාදී පින් කරගෙන මරණින් මතු දෙව්ලොව ගියා.

භාග්‍යවතුන් වහන්සේ මේ ජාතකය වදාරා චතුරාර්ය සත්‍ය ධර්ම දේශනාව වදාළා. ඒ දෙසුම කෙළවර බොහෝ භික්ෂූන් වහන්සේලා සෝවාන්, සකදාගාමී, අනාගාමී ඵලයන්ට පත් වුනා. එදා හිටිය වයසක අම්මා ම තමා මෙදාත් අද සාරිපුත්තයන්ට දන් පිදූ වයසක අම්මා. රජ්ජුරුවෝ වෙලා සිටියේ අපගේ ආනන්දයෝ. අස්වෙළෙන්දාව සිටියේ මම යි" කියා භාග්‍යවතුන් වහන්සේ මේ ජාතකය නිමවා වදාළා.

05. සුක ජාතකය

පමණ ඉක්මවා කෑම කෑමෙන් මියගිය ගිරවාගේ කතාව

පින්වතුනේ, පින්වත් දරුවනේ,

ඇතැම් අවස්ථාවල අපට නොයෙක් ප්‍රණීත රසවත් මධුර ආහාරපානාදිය අනුභව කරන්ට ලැබෙන්ට පුළුවනි. එවන් අවස්ථාවක වුනත් පැන් බීමට කුසේ ඉඩ තියාගන්ට ඕනෑ. හුස්ම ගන්ට බැරිතරමට කෑම කන්ට හොඳ නෑ. අපගේ ධර්මසේනාධිපතීන් වහන්සේ දන් වැළඳීම ගැන මෙහෙමයි වදාළේ.

"වළඳින දේ තෙත දෙයක් වෙන්ට පුළුවනි. වේලිච්ච දෙයක් වෙන්ටත් පුළුවනි. නමුත් පමණ ඉක්මවා ගන්නේ නෑ. කුසේ ඉඩ තියාගන්නවා. භික්ෂුවක් වාසය කරන්ට ඕනෑ ඒ විදිහටයි. ප්‍රමාණයකට දානෙ අරගෙන නුවණින් යුක්තවයි.

හතරපස් පිඬක් නොවළඳා ඒ වෙනුවට පැන් වළඳන්ට ඕනෑ. නිවනට යොමු කළ සිත් ඇති වීරියවන්ත භික්ෂුවට ඒක හරි පහසුවක්."

(ථේර ගාථා)

ඉතින් මෙවැනි උපදෙස් තියෙද්දී පවා ජේතවනවාසී එක්තරා භික්ෂුවක් පමණ ඉක්මවා බොහෝ කොට ආහාර අනුභව කිරීම නිසා දිරවාගන්ට නොහැකිව මරණයට පත් වුනා. මේ සිදුවීම වෙන අවස්ථාවේ අපගේ භාග්‍යවතුන් වහන්සේ වැඩ වාසය කළේ සැවැත්නුවර ජේතවනයේ.

අධික ආහාර අනුභවයෙන් අපවත් වූ භික්ෂුව ගැන දම්සභා මණ්ඩපයේ රැස්වූ භික්ෂූන් වහන්සේලා කතා කරමින් සිටියා. "හනේ ඇවැත්නි... බලන්ට.... අසවල් භික්ෂුවට තමුන්නේ කුසේ ප්‍රමාණය සිතාගන්ට බැරි වුනා නොවැ. තියෙන තාක් වළඳන්ට ගොහින් අන්තිමේදී අජීර්ණ රෝගේ හැදුනා. ඒක නිසා නිකං අකාලේ අපවත් වෙන්ට සිදුවුනා. මේක කාටත් යස පාඩම...!" ඒ අවස්ථාවේ අපගේ භාග්‍යවතුන් වහන්සේ එතැනට වැඩම කොට වදාළා. භික්ෂූන් වහන්සේලා තමන් කතා කරමින් සිටි කරුණ භාග්‍යවතුන් වහන්සේට සැලකළා.

"මහණෙනි, ඔය භික්ෂුවට පමණ ඉක්මවා භෝජන ගැනීමෙන් මැරී යන්ට සිදු වුනේ මේ ආත්මේ විතරක් නොවෙයි. මීට කලින් ආත්මෙකත් ඔය වැඩේ ම වුනා" කියා භාග්‍යවතුන් වහන්සේ මේ අතීත කතාව ගෙනහැර දක්වා වදාළා.

"මහණෙනි, ගොඩාක් ඉස්සර කාලෙක බරණැස්පුරේ බ්‍රහ්මදත්ත නමින් රජ්ජුරු කෙනෙක් වාසය කළා. ඔය කාලේ බෝධිසත්වයෝ උපන්නේ හිමාල වනාන්තරේ ගිරවෙක් වෙලා. මුහුදු ගමනින් වෙනත් දූපත්වලටත් පියාඹා යන හිමව් පියසේ වසන දහස් ගණන් ගිරවුන්ට නායකයා වෙලයි ඒ ගිරවා උන්නේ. මේ බෝසත් ගිරවාටත්, ගිරවීටත් පුතෙක් හිටියා. ගිරා

පුත්‍රයා බලවත් වෙද්දී මහගිරවාගේ දෑස් පෙනීම දුර්වල වෙන්ට පටන් ගත්තා. ගිරවුන්ගේ පියාඹන වේගය ඉතාම බලවත්. ඒ නිසා ඔවුන් මහලු වෙද්දී ඉස්සෙල්ලාම දුර්වල වෙන්නේ ඔවුන්ගේ දෑස. ඉතින් බෝසත් ගිරවාටත් ගිරවීටත් කූඩුවට වෙලා ඉන්ට සිද්ධ වුනා. පුත්‍ර ගිරවා තමයි ආහාර ගෙනැවිත් දීලා උපස්ථාන කළේ.

දවසක් මේ ගිරවා ගොදුරු සොයාගෙන ගිහින් කඳු මුදුනක වැහුවා. එතැන් සිට මුහුදු තෙර දෙස බලද්දී එක්තරා දූපතක් පෙනුනා. ඒ දූපතේ රන් පාටින් ඉදිලා තියෙන මියුරු අඹ ඇති අඹවනයක් තියෙනා බව පෙනුනා. ඉතින් ඒ ගිරවා පසුවදා මුහුද පසු කොට පියඹා ගොස් ඒ අඹ වනයට සේන්දු වුනා. ඇති තරම් අඹරස බීවා. ඉදුනු අඹයක් තුඩින් ගෙන ගිහින් දෙමාපියන්ට දුන්නා. අඹ රස අනුභව කරද්දී බෝසත් ගිරවා මෙහෙම ඇසුවා.

"පුත්‍රයා.... මේ අඹේ රස අනුව නම් මට තේරෙන්නේ මුහුදින් එතෙර ඇති අසවල් දූපතේ අඹ වගෙයි. ඒවා ඉදුනාම රන්වන් පාටයි නොවැ."

"හරි පියාණනි, මං ඔය අඹේ ගෙනාවේ එහෙන් තමා"

"පුත්‍රයා.... මං එහෙනම් දැන් කියන අවවාදය හොඳට සිතට ගනිං. ඔය දූපතට අඹ කන්ට යන ගිරවුන්ට වැඩි ආයුෂ නෑ. ඒ නිසා ආයෙමත් ඒ දූපතට යන්ට එපා. අපි ලැබෙන දේකින් යැපිලා ඉමු. ඔය රස අඹ නැතුවාට කමක් නෑ."

නමුත් ඒ ගිරවා තම පියාණන්ගේ අවවාදයට ඇහුම්කන් දුන්නේ නැ. ආයෙමත් ඒ දූපතට ම ගියා. දවසක්

මේ ගිරවා එහෙ ගිහින් ඕනෑවටත් වඩා අඹ රස බිව්වා. මව්පියන් වෙනුවෙන් අඹයකුත් තුඩින් ඩැහැගත්තා. මුහුද උඩින් වේගයෙන් පියාඹා ආවා. පමණ ඉක්මවා අඹරස බිව් නිසා ඇඟ බරයි. කලන්තේ ගතියකිනුත් යුක්තයි. පියාඹද්දී නිදිකිරා වැටුනා. එතකොට ම තුඩින් ලිස්සා අඹ ගෙඩිය මුහුදට වැටුනා. ගිරවාට පියාඹා යමින් සිටිය පාරත් වැරදුනා. දිය මතුපිට පහළින් පියාඹා ගිහින් අඹය ගන්ට වතුරට හොට දැම්මා. ඇඟ බර වැඩිකමට වතුරේ ගිලුනා. ගොඩ එන්ට මහන්සි ගනිද්දී මාළුවෙක් ඇවිත් ගිරවා ගිල දැම්මා. බෝධිසත්වයෝ තම පුත්‍රයා එනකල් මග බලාගෙන හිටියා. එන පාටක් පේන්ට නෑ. එපා කියූ දූපතට ගිහින් මුහුදේ වැටී මැරෙන්ට ඇති කියා තේරුම් ගත්තා. බෝසත් ගිරවාත් ගිරවීත් ආහාර නැතිව හාමතේ මිය ගියා.

මේ කතාව ගෙනහැර දක්වූ භාග්‍යවතුන් වහන්සේ මේ ගාථාවන් වදාළා.

1. **තම බොජුනේ ගත යුතු වූ පමණ හොඳින් දැන**
   ඒ ගිරවා සිටිය තාක් එගුණෙහි රැඳෙමින
   කොතරම් දුර ඉගිල ගියත් අනතුරු නැත වෙන
   ඉතා හොඳින් කරගත්තා මව්පිය උවටැන

2. **යම් දවසක පටන් පමණ නොදැන කෑම ගෙන**
   බිව්වද අඹරස උහුලා ගන්නට බැරි වෙන
   එනිසා ඉගිලෙනු නොහැකිව මුහුදේ වැටෙමින
   මැරුණා ගිරවා කෑමේ පමණක් නොම දැන

3. **එනිසා මෙය පාඩමකට හොඳින් හිතට ගෙන**
   ගත යුත්තේ ආහාරය නුවණින් දැන ගෙන

වැටෙති අපායේ ලොල් වී වැඩිපුර කෑමෙන
පමණට ගත් විට බොජුනත් නැත අනතුර වෙන

මෙසේ වදාළ භාග්‍යවතුන් වහන්සේ වරක් අධික ලෙස ආහාර ගැනීමේ ලොල්ව සිටි කොසොල් රජුට ආහාර පාලනය පිණිස මේ ගාථාව පාඩම් කරගන්ට කියා වදාළා.

"හැම කල්හිම සිහි නුවණින් පැවතිය යුතු වන්නේ
ලැබෙන හොජුන් අනුභවයෙදි පමණට ම යි ගන්නේ
කෑමෙන් ඇතිවෙන වෙහෙස ද ඔහුට නැතිව යන්නේ
ආහාරය හොඳින් දිරා ආයුෂ වැඩි වෙන්නේ"

ආහාරයේ ලොල් බව නිසා පමණ ඉක්මවා ආහාර ගැනීමේ බොහෝ අනතුරු ඇති බව භාග්‍යවතුන් වහන්සේ පෙන්වා දී චතුරාර්ය සත්‍ය ධර්මය දේශනා කොට වදාළා. ඒ දේශනාවේ කෙළවර බොහෝ භික්ෂූන් වහන්සේලා රහත් ඵලයට පත් වුනා. තවත් භික්ෂූන් වහන්සේලා සෝවාන්, සකදාගාමී, අනාගාමී ඵලයන්ට පත් වුනා.

"මහණෙනි, එදා අධික ලෙස ආහාර ගැනීමෙන් අකාලයේ මිය ගිය ගිරාරාජ පුත්‍රයාව සිටියේ මෙදාත් ආහාර අධිකව ගෙන අකාලයේ මියගිය භික්ෂුව ම යි. එදා ගිරා රජුව සිටියේ මම යි" කියා භාග්‍යවතුන් වහන්සේ මේ ජාතකය නිමවා වදාළා.

06. ජරූදපාන ජාතකය
සිඳී ගිය පැරණි ළිඳේ කතාව

පින්වතුනේ, පින්වත් දරුවනේ,

තමන්ට යම් දෙයක් ලැබුනොත් ඒ ලැබෙන දෙය ගැන තේරුම් ගෙන අධික තෘෂ්ණාවක් නොකර ඉන්ට නුවණැති අය දක්ෂ වෙන්ට ඕනෑ. මෙය එබඳු කතාවක්.

ඒ දිනවල අපගේ භාග්‍යවතුන් වහන්සේ වැඩ වාසය කළේ සැවැත්නුවර ජේතවනයේ. ඒ කාලේ සැවැත්නුවර වාසය කළ වෙළඳ කණ්ඩායමක් ගැල්වල බඩු පුරවාගෙන වෙළඳාමේ යන්ට සූදානම් වුනා. ඊට කලියෙන් භාග්‍යවතුන් වහන්සේ ප්‍රධාන භික්ෂුසංඝයා තමන්ගේ එක් ප්‍රධාන නිවසකට වඩමවා ගත්තා. මහාදන් පූජා කරගත්තා. තිසරණ පන්සිල්හි පිහිටියා. මෙහෙම කියා සිටියා.

"ස්වාමීනී, භාග්‍යවතුන් වහන්ස, මේ අපි හැමෝම වෙළඳාම් කටයුත්තකට ඈත ජනපදයකට යන්ටයි දැන් සූදානමින් ඉන්නේ. අපගේ අදහස් මුදුන්පත් කරගෙන, කරදරයක් නැතිව ඇවිත් භාග්‍යවතුන් වහන්සේව නැවත වන්දනා කරගන්නම්" කියලා භාග්‍යවතුන් වහන්සේට වන්දනා කොට වෙළඳාම් පිණිස පිටත් වුනා. ඔවුන් අනුක්කමයෙන් කාන්තාර මාර්ගයට පිවිසුනා. තමන්

ගෙන ගිය ජලය අවසන්වීම නිසා ජලය ඇති තැනක් සොයද්දී අත්හැර දමන ලද පැරණි පාලු ළිඳක් දැක්කා. "මේ බලන්ට මිතුරනේ, මේ පුරාණ ළිඳක් නම් තියෙනවා. හැබැයි වතුර නෑ. අපි මේක තව ටිකාක් යටට සාරා ගත්තොත් වතුර නොලැබී යන එකක් නෑ." කියලා ඔවුන් පිළිවෙළින් ළිඳ සාරන්ට පටන් ගත්තා. වතුර ලබා ගන්න අදහසින් සාරාගෙන යද්දී පළමුවෙන් යකඩ මතු වුනා. ඊට පස්සේ ලෝකඩ, තඹ, රිදී මතු වුනා. තවත් හාරාගෙන යද්දී වෛඩූර්ය මාණික්‍ය මතු වුනා. වතුරත් මතු වුනා. වෙළෙන්දෝ මේවා ඔක්කොම ගොඩක් ගැසුවා. ඔවුන් පැන් බී තමන් ගෙනගිය බඩු එතැන දමා ළිඳෙන් ගොඩ ගත් වස්තුව ගැල්වල පටවාගෙන සැවැත්නුවරට හැරී ආවා. ඇවිත් තමන් ලද මහාධන සම්පත් බෙදාහදාගෙන භාග්‍යවතුන් වහන්සේ ප්‍රමුඛ භික්ෂු සංඝයාට දන් පූජා කරලා තමන්ට පැරණි පාලු ළිඳකින් වස්තුව ලැබුණු හැටි භාග්‍යවතුන් වහන්සේට සැළකළා. භාග්‍යවතුන් වහන්සේ මෙසේ වදාළා.

"උපාසකවරුනි, ඔබ තමන්ට ලැබුනු ධනයෙන් සතුටු වුනා. ලබාගන්න දෙයෙහි ප්‍රමාණය දැනගත්තා. ඒ නිසා ධනයයි ජීවිතයයි දෙක ම රැකුණා. නමුත් ඉස්සර හිටිය වෙළඳ පිරිසක් නුවණැත්තන්ගේ වචනයට ඇහුම්කන් නොදී තමන්ගේ ප්‍රමාණයටත් වඩා අධික තෘෂ්ණාවෙන් ධනය සොයන්ට ගිහින් ජීවිතත් නැති කරගත්තා."

එතකොට ඒ වෙළෙන්දෝ භාග්‍යවතුන් වහන්සේ ගෙන් පමණ නොදැන වස්තුව ගන්ට ගිය වෙළෙන්දන්ගේ කතාව කියාදෙන්ට කියා භාග්‍යවතුන් වහන්සේගෙන් ඉල්ලා සිටියා. භාග්‍යවතුන් වහන්සේ මේ අතීත කතාව ගෙන හැර දක්වා වදාළා.

"මහණෙනි, ගොඩාක් ඉස්සර කාලෙක බරණැස්පුරේ බ්‍රහ්මදත්ත නම් රජ්ජුරු කෙනෙක් රාජ්‍ය කරමින් සිටියා. ඔය කාලේ මහාබෝධිසත්වයෝ බරණැස ම වෙළඳ පවුලක ඉපදිලා වියපත් වුනාම ප්‍රධාන ගැල්නායකයෙක් බවට පත් වුනා. දවසක් ඒ ගැල්නායකයා බරණැසින් ගැල්වලට බඩු පුරවාගෙන තවත් බොහෝ වෙළෙන්දන් එක්ක ඈත ජනපදයකට යද්දී කාන්තාර මාර්ගයක පැමිණියා. ඔවුන්ටත් අර විදිහේම පැරණි පාළු ළිඳක් දකින්ට ලැබුනා. එතකොට එතන සිටිය වෙළෙන්දෝ 'මේ ළිඳේ වතුර තියෙන්ට පුළුවනි. තව ටිකක් කැණලා වතුර ගන්ට ඕනෑ' කියලා එකිනෙකා ළිඳට බැහැලා සාරන්ට පටන් ගත්තා.

ඔවුන් ළිඳ සාරාගෙන යද්දී යකඩ, තඹ, රිදී වගේ බොහෝ ලෝහ වර්ගත්, බොහෝ මැණික් වර්ගත් ලැබුනා. "මිතුරනේ.... මේ බලන්ට.... මේ ළිඳක් යැ.... නිධානයක් නොවැ.... තව හාරමු. තවත් වටිනා ජාති තියෙන්ට පුළුවනි" කියලා වැඩිවැඩියෙන් හාරන්ට පටන් ගත්තා. එතකොට බෝධිසත්වයෝ ඒ පිරිසට මෙහෙම කීවා. "යාළුවනේ.... දැන් අපට ඇති පදමට ධනය ලැබිලා තියෙනවා නොවැ. මේ හොඳටෝම ඇති. මේ ලැබී ඇති ප්‍රමාණෙන් සතුටු වෙමු. ඔය විදිහට ලෝභකම නම් විනාශයට මුලයි. ඒ නිසා දැන් තවදුරටත් ළිඳ සෑරීම නවත්තමු..... ඔව්.... දැන් හාරන්ට එපා.... ගොඩට එන්ට" කියලා බෝධිසත්වයෝ ඔවුන්ව වළක්වද්දී එයට ඇහුම්කන් දුන්නේ නෑ. දිගට ම හාරගෙන ගියා.

ඒ ළිඳ නාගයන් අධිගෘහිත එකක්. මිනිස්සු තව යටට සාරද්දී නාගභවනට පස් ගල් ආදිය වැටෙන්ට පටන් ගත්තා. එයින් නාගයෝ කිපුනා. එතකොට නාගයෝ

බෝධිසත්වයන්ව හැර අනිත් සියලු දෙනාව ම ඔවුන්ගේ නාස්පුඩුවලින් විෂවායුව පිඹලා මරා දැම්මා. නාගභවනෙන් නික්මුනු නාගයෝ ගොඩ ගසා තිබූ සත්රුවන් වස්තුව ගැල්වල පුරවා බෝධිසත්වයන්ව සුවපහසු යහනක සතපවා බරණැස තමන්ගේ නිවසට ම රැගෙන ගියා. ධනය බෝධිසත්වයන්ට ම පවරා ඔවුන් නාලොවට ගියා. බෝධිසත්වයෝ මුළු දඹදිව පුරා මිනිසුන්ට බොහෝ දානමානාදියෙන් සංග්‍රහ කොට සීලාදී ගුණදම් පුරා මරණින් මතු දෙව්ලොව උපන්නා.

අපගේ භාග්‍යවතුන් වහන්සේ මේ අතීත කතාව දක්වා මේ ගාථාවන් වදාළා.

(1)

අත්හැර දා තිබුණු ළිඳෙන්
- දිය ගන්නට කැමැත්තෙනුයි
- ඒ අය එහි එක්වුනේ
ළිඳ සාරාගෙන යද්දී
- යකඩ ලෝකඩත් ඊයම්
- වැනි දේවල් හමුවුනේ
තව සාරාගෙන යද්දී
- රිදී මෙන්ම රත්තරනුත්
- ඒ ළිඳෙන්ම මතුවුනේ
තව ගැඹුරට සාරද්දී
- අලංකාර මුතු මැණික් ද
- වෙළෙඳුන්හට හමුවුනේ

(2)

සියලු දෙනාට ම සෑහෙන
- වස්තුව ඕනෑ තරමට
- පාළු ළිඳෙන් මතු වුනා

දූන් කැණීම් නවත්වන්ට,
- ලැබුණු ධනය ඇති කියලා
- කියන්නටත් සිදු වුනා
සෑහීමට පත් නොවී
- ඔවුන් නෑහුනා වාගේ
- තවත් කණින්නට වුනා
එතැන සිටිය නයි කිපී
- එවාපු විෂ වාතයෙන්
- සැම මරණෙට පත් වුනා

(3)

ළිඳක් කණින්නට ගොසින්
- තම සීමා දූනගන්නට
- වෙළෙන්දන්ට බැරි වුනා
නැණවතුන්ගෙ බස් නොඅසා
- තව සාරන්නට ගොසින්
- වැනසෙන්නට සිදු වුනා
දූඩි ලෝභය නිසා ඔවුන්හට
- ධනයත් ජීවිතයත්
- සියලු දේ ම නැතිවුනා
සුවසේ බරණැස යන්නට
- ඔවුන්ට ලද වාසනාව
- ඒ නිසාම නැති වුනා

මහණෙනි, එදා ඒ ළිඳේ ප්‍රධාන නාගරාජයාව සිටියේ අපගේ සාරිපුත්තයෝ. ගැල්නායකයා වෙලා සිටියේ මම යි" කියා භාග්‍යවතුන් වහන්සේ මේ ජාතකය නිමවා වදාළා.

07. ගාමිණීචණ්ඩ ජාතකය

ගාමිණීචණ්ඩගේ පැන විසඳූ කතාව

පින්වතුනේ, පින්වත් දරුවනේ,

අපගේ භාග්‍යවතුන් වහන්සේගේ අසිරිමත් ප්‍රඥාව ගැන කවුරුත් පුදුමයට පත් වුනා. ඔවුන් පුදුමයෙන් ඒ ගැන කතා කළා. මේ කතාවෙන් කියැවෙන්නේ එයයි.

ඒ දිනවල අපගේ භාග්‍යවතුන් වහන්සේ වැඩ වාසය කළේ සැවැත්නුවර ජේතවනයේ.

එදා දම්සභා මණ්ඩපයට රැස්වූ භික්ෂූන් වහන්සේලා භාග්‍යවතුන් වහන්සේගේ විස්මිත ප්‍රඥාවට ප්‍රශංසා කරමින් සිටියා. "බලන්ට ඇවැත්නි.... අපගේ ශාස්තෘන් වහන්සේගේ ප්‍රඥා මහිමය සිතාගන්ට නම් කොහෙත් ම බෑ. භාග්‍යවතුන් වහන්සේගේ ප්‍රඥාව මහා විශාලයි. ඒ සම්බුදු ප්‍රඥාව පුළුල්ව පැතිරී තියෙනවා. හරිම වේගවත්, ප්‍රභාසම්පන්නයි. සතුට දනවනවා. ඉතාම තියුණුයි. සියලු දේ විනිවිද යනවා. හරිම අසිරිමත් ඇවැත්නි!" මේ විදිහට ශාස්තෘන් වහන්සේගේ ප්‍රඥාවට ප්‍රශංසා කරමින් සිටිද්දී අපගේ භාග්‍යවතුන් වහන්සේ දම්සභා මණ්ඩපයට වැඩම කොට වදාළා. භික්ෂූන් වහන්සේලා භාග්‍යවතුන් වහන්සේට තමන් කතා කරමින් සිටි කරුණ සැලකළා.

"මහණෙනි, තථාගතයන් ප්‍රඥාසම්පන්නව ඉන්නේ මේ ආත්මයේ විතරක් නොවේ. ඉස්සර බෝසත් අවදියෙත් ප්‍රඥාවෙන් යුක්තයි" කියා භාග්‍යවතුන් වහන්සේ මේ අතීත කතාව ගෙනහැර දක්වා වදාළා.

"මහණෙනි, ගොඩාක් ඉස්සර කාලේ බරණැස්නුවර ජනසන්ධ නම් රජ්ජුරු කෙනෙක් රාජ්‍ය කරමින් සිටියා. ඔය කාලයේ මහාබෝධිසත්වයෝ ඒ රජ්ජුරුවන්ගේ අගමෙහෙසියගේ කුසේ පිළිසිඳ ගත්තා. බෝසත් කුමාරයා ඉපදුනාට පස්සේ ඒ කුමාරයාගේ මුහුණ ඉතා පිරිසිදු රන්වන් කැඩපත් තලාවක් වගේ පිරිසිදු සෝභාවකින් බැබලුනා. ඒ කාරණය නිසා කුමාරයාට නම් තබන දවසේ ආදාසමුඛ (කණ්ණාඩිය වැනි මුව ඇති) කුමාරයා යන නම තැබුවා.

පිය රජ්ජුරුවෝ කුමාරයා සත්හැවිරිදි විය එළඹෙද්දී තුන් වේදයත්, ලෝකයේ කළ යුතු සියලු ශාස්ත්‍ර ඥානයත් ලබා දුන්නා. ඒ වගේම කුමාරයා සත්හැවිරිදි වියේදී ම පිය රජ්ජුරුවෝ මරණයට පත් වුනා. රජතුමාගේ අවසන් කටයුතු කළ ඇමතිවරු මෙහෙම කතාවුනා."කුමාරයා තවම සත්හැවිරිදි ළදරුවෙක්. කුමාරයාගේ දක්ෂතා විමසලා ම යි රාජ්‍යයේ අභිෂේක කරන්ට ඕනෑ" කියා දවසක් නගරය අලංකාර කරවා විනිශ්චය ස්ථානය සරසවා වටිනා ආසනයක් පනවා ඇමතිවරු කුමාරයා ළගට ගිහින් "දේවයන් වහන්ස, විනිශ්චය ආසනයට වඩින්ට" කියා කිව්වා. කුමාරයා "හොඳා" කියා මහත් පිරිවර සමග ගිහින් වටිනා ආසනයේ වාඩිවුනා. එතකොට ඇමතිවරු වාස්තු විද්‍යා ශිල්පියෙකුගේ ඇඳුම් අන්දවාගෙන දෙපයින් ඇවිදින වඳුරෙක් එක්කරගෙන ආවා. "දේවයෙනි, මෙයා පියරජ්ජුරුවන්ගේ කාලේ පටන් හොඳට වාස්තු ශිල්පය

ප්‍රගුණ කළ පොළොව යට ඇති සත්රුවන් ඇති තැන්වල දොස් දකින කෙනෙක්. රාජමාළිගාව හැදුවෙත් මේ ආචාරීන් පෙන්නාපු බිමයි. ඒ නිසා දේවයන් වහන්සේ මේ ආචාරීන්ට සුදුසු තනතුරු සම්මානයේ පිහිටවනු මැනව."

එතකොට කුමාරයා වඳුරාගේ පාවල සිට හිස දක්වා හොඳින් බැලුවා. "හාපෝ.... මේ මොකෙක්ද? මේකා මනුස්සයෙක් නොවේ. වඳුරෙක්. හදපු හදපු දේ විනාශ කරන්ට නම් දන්නවා. නොකළ දෙයක් කරන්ටවත්, ඒ ගැන සොයා බලන්ටවත් මේකා දන්නේ නෑ" කියා මේ පළමු ගාථාව කිව්වා.

(1)

ගේ දොර ගැන කියා දෙන්ට
- හපන් කෙනෙක් නොවේ මෙයා
පේන්නැද්ද මුහුණෙත් රැළි පේනව වඳුරෙකි යි කියා
හැදූ හැදූ දේ වනසාලන කෑදර වූ සතෙකි මෙයා
මෙයාලාගෙ එක ම ගතිය වනසාලීම යි නොතියා

"ඕ.... හෝ.... දේවයිනි, එහෙම වෙන්ටත් පුළුවනි" කියා ඒ වඳුරාව ඇමතිවරු බැහැරට ගෙනිච්චා. ආයෙමත් දවසක ඇමතිවරු කුමාරයාව විනිසුරු අසුනේ වාඩිකෙරෙව්වා. අර වඳුරාව ම විනිසුරු ඇමතියෙකුගේ ඇඳුම් අන්දවා එක්කරගෙන ආවා.

"දේවයන් වහන්ස, මේ ඉන්නේ විනිසුරු අමාත්‍යයා. පියරජ්ජුරුවන්ගේ කාලෙත් මෙයා තමා හිටියේ. මෙතුමාගේ තීරණය හරි වටිනවා. ඒ නිසා මෙයාව මුල්කොට අපි අධිකරණ කටයුතු කරමු."

එතකොට කුමාරයා වඳුරා දිහා හොඳට බැලුවා. "මේ වගේ මූණ පුරා ඇඟපුරා ලොම් වැවිච්චි කෙනෙක් කොහොමද මිනිසෙක් වෙන්නේ. මෙයා වඳුරෙක් නොවැ. හාපෝ.... මෙයාට බෑ අධිකරණයක වැඩ කරන්ට" කියා මේ දෙවෙනි ගාථාව කිව්වා.

(2)

ඇඟපුරා ම ලොම් පැතිරුණු
- මොහු කොහොමද එකලස් වූ
- සිතක් ඇතිව ඉන්නේ
නිවැරදි තීරණය ගන්ට
- මේ තිරිසන් සතාට නම්
- කොහොමත් බැරි වන්නේ
ජනසන්ධන නම් වූ මගෙ
- පියරජු විසිනුත් මේකට
- නැත තනතුරු දුන්නේ
හොඳ නරකක් දූනගන්නට
- වඳුරෙකු හට නම් බැරි බව
- දූනගත යුතු වන්නේ

"හරි.... දේවයනි.... එහෙමත් වෙන්ට පුළුවනි" කියා ඇමතිවරු වඳුරාව බැහැරට ගෙනිච්චා. ආයෙමත් දවසක් ඇමතිවරු කුමාරයාව විනිශ්චයාසනයේ වාඩිකරවා අර වඳුරා ම සරසාගෙන එක්කරගෙන ආවා. "දේවයන් වහන්ස, මේ පුද්ගලයා තමයි පියමහරජු ඉන්න කාලෙ පටන් මව්පියකුලදෙටුවන්ගේ උපස්ථාන කටයුතු භාරව සිටිය අමාත්‍යයා. මෙතුමා සංග්‍රහ කරන්ට වටිනවා."

එතකොට කුමාරයා වඳුරා දෙස හොඳට බලා සිටියා. මේ ගාථාවෙන් පිළිතුරු දුන්නා.

(3)

වඳුරෝ කිසිදා නැත වැඩිහිටියන් සලකන්නේ
මවෙක් පියෙක් සොයුරු සොයුරි
- ගණනකට නොගන්නේ
මගේ පියා සතෙකුට කොහොමද තනතුරු දුන්නේ
කුලදෙටුවන් හට පුදන්ට වඳුරන් නැහැ දන්නේ

"හරි.... හරි.... දේවයනි.... එහෙමත් වෙන්ට පුළුවනි" කියා ඇමතිවරු වඳුරාව බැහැරට ගෙනිච්චා. ඊට පස්සේ අමාත්‍යවරු මෙහෙම තීරණය කළා. "කුමාරයා වයසින් ළදරු වුනාට නුවණ තියෙනවා. රාජ්‍යපාලනයට හැකියාව තියෙනවා" කියා බෝධිසත්වයන්ව අභිෂේක කරවා "මේ ආදාසමුඛ රජුගේ ආඥාවයි" කියා නගරයේ අඬබෙර හැසිරෙව්වා. එදා පටන් බෝධිසත්වයෝ දැහැමින් සෙමෙන් රාජ්‍ය පාලනයේ යෙදුනා. ආදාසමුඛ රජ්ජුරුවෝ මහා නුවණැත්තෙක් ය යන කරුණ මුළු දඹදිව ම පැතිර ගියා. රජ්ජුරුවන්ගේ නුවණැති බව ඉස්මතු වීම පිණිස මේ කරුණු දාහතර ගැන හැමෝම කතා කළා.

(1). එහි පිළිවෙළ කතාව මෙයයි. බෝධිසත්වයන්ව රාජ්‍යාභිෂේක කරද්දී ජනසන්ධ රජ්ජුරුවන් ළඟ සිටිය ගාමණිචණ්ඩ නමැති සේවකයෙක් මෙහෙම සිතුවා. "මේ රාජ්‍ය ලස්සන වෙන්නේ මං වාගේ වයසක පහේ කෙනෙක් රජකමට පත්වුනොත් තමා. දැන් මං මහලු කෙනෙක්. මේ ළදරු කුමාරයෙකුට උපස්ථාන කරන්ට මට බෑ. මං ජනපදේ ටිකක් ඈතට ගොහින් ගොවිතැන්බත් කරගෙන ජීවත් වෙනවා" කියලා ඔහු නගරයෙන් යොදුන් දෙකක් පමණ ඈතට ගිහින් එක්තරා ගමක වාසය කළා. කුඹුරු හාගන්ට ඔහුට ගොන්නු හිටියේ නෑ. ඉතින් ඔහු ආපසු පවරා දෙන පොරොන්දුවට ගොන්නු දෙන්නෙක්

ඉල්ලන් ආවා. කුඹුරත් හාගෙන ගොන්නුන්ට තණත් කවාගෙන ගොන්නුන්ව හිමිකරුට දෙන්ට යාළුවාගේ ගෙදර ගියා. යාළුවා ඒ වෙලාවේ තමන්ගේ බිරිඳත් සමග ගේ මැද්දේ වාඩිවෙලා බත් කනවා. ගොන්නු පුරුද්දට කෙලින් ම ගෙට ගියා. ගේ මැද්දෙන් යද්දි යාළුවා බත් තලිය ඉස්සුවා. බිරිඳ තමන්ගේ බත් තලිය අහකට ගත්තා. ගාමණීචණ්ඩ හිතුවේ තමන්ටත් බත් කන්ට කතා කරාවි කියලයි. ටිකක් වෙලා බලා සිට ගොන්නු ගැන මුකුත් නොකියාම ආපසු ගියා. එදා රෑ හොරු ඇවිත් ගාල බිඳලා ඒ ගොන්නු දෙන්නාව ම හොරකම් කරගෙන ගියා. යාළුවා ගාලට ගිහින් බලද්දී අර ගොන්නු දෙන්නා පේන්ට නෑ. හොරු අරගෙන ගිහින් බව තේරුනා. 'මේ වැඩේට ගාමිණියාගේ බෙල්ලෙන් අල්ලාගන්ට ඕනෑ' කියා ගාමිණීචණ්ඩ සොයාගෙන ගියා.

"කෝ.... මිත්‍රයා මගේ ගොන්නු මට ඕනෑ"

"ඇයි.... ඊයේ ඔහේගේ ගෙට ගියේ ගොන්නු."

"එතකොට, තමුසේ මට ගොන්නුන්ව වචනයෙන් පවරලද දුන්නේ?"

"නෑ... එහෙම නම් කළේ නෑ"

"එහෙනම් මේ ඉන්නේ තොපගේ රාජදූතයා, දූන් වර මාත් එක්ක!" කියා අණ කළා. ඒ කාලේ ජනපදවල කවුරුහරි කෙනෙක් ගලක් හරි, කටු කැබැල්ලක් හරි උස්සා "මේ ඉන්නේ තොපගේ රාජදූතයා, දූන් වර" කිව්වාම ඒ අණට අකීකරුව නාවොත් ඔහුට රාජදඬුවම් ලැබෙනවා. එනිසා ඔහු දූතයා'ය යන වචනය ඇසුවාම ඔහුත් සමග නික්ම ගියා.

(2). දැන් ගාමණීචණ්ඩ ඔහුත් සමග රජගෙදරට යන ගමන්, තමන්ගේ තවත් යාළුවෙක් ඉන්න ගමකට ආවා. "අනේ මිත්‍රයා.... මට හොඳටෝම බඩගිනියි. මං මේ ගමට ගොහින් බත් ටිකක් කාලා එනකල් ඔහොම ඉන්න හොඳේ" කියල යාළුවාගේ ගෙදර ගියා. ඒ වෙලාවේ යාළුවා ගෙදර හිටියේ නෑ. ගෙදර බිරිඳ ගාමණීචණ්ඩට මෙහෙම කීවා. "අනේ පින්වත, උයාපු කෑම නෑ. ටිකාක් ඉන්ට ඇහැකිද. මං දැන් ම මොකුත් උයලා දෙන්නම්" කියලා හාල් ගබඩා පෙට්ටියට ඉනිමග හේත්තු කරලා ඉක්මනට නගිද්දී ඈ බිමට වැටුනා. එතකොට ඇගේ සත් මසක දරු ගැබට හානි වුනා. එතකොට ම යාළුවා ආවා. "ආ.... තෝ තමයි මගේ බිරිඳට පහර දීලා දරුගැබ වැට්ටුවේ. හිටු තෝ! මේ ඉන්නේ තොපගේ රාජදූතයා!" කියලා ගාමණීචණ්ඩව අරගෙන නඩු අහන්ට තික්මුනා. දැන් ගාමණී මැදි කරගෙන දෙන්නා දෙපැත්තෙන් යනවා.

(3). ඔය අතරේ එක්තරා ගම්දොරකඩ අශ්වයන් බලන්නෙක් හිටියා. ඔහුට අශ්වයෙකුව නවත්තාගන්ට බෑ. අශ්වයාත් ගාමණී ඉන්න තැනට ආවා. අස්ගොව්වා ගාමණී දැකලා මෙහෙම කිව්වා. "අනේ ගාමණීචණ්ඩ මාමණ්ඩියේ, ඔය අස්සයාට මොකේකින් හරි රිදෙන්ට දෙකක් ගහලා නවත්තාගනිං" කිව්වා. එතකොට ගාමණී ගල් ගෙඩියක් අරගෙන අශ්වයාගේ කකුලට ගැහැව්වා. ඒ ගල අශ්වයාගේ කකුලට වැදුනු ගමන් එරඬු දණ්ඩක් කැඩෙන්නැහේ කකුල් ඇටේ බිඳුනා. එතකොට අස්ගොව්වා කෑ ගහන්ට පටන් ගත්තා. "අයියෝ.... තෝ මේ මොකක්දෑ කොළේ? මගේ අස්සයාගේ කකුල බින්දා නේද. හිටු තෝ. මේ ඉන්නේ තොගේ රාජදූතයා. දැන් වර" කියලා ගාමණීව අල්ලාගත්තා. දැන් රාජදූතයන්

තුන්දෙනෙකුට මැදි වෙලා යන ගාමණී හිතන්ට පටන් ගත්තා.

'මේකුන් මාව ඇන්න ගොහින් රජ්ජුරුවන්ට පෙන්නාවි. හරි වැඩේ.... ගොන්නුන්ගේ මිල ගෙවාගන්ට බැරි මං කොහොමෙයි දරුගැබ වැටිච්ච එකේ වන්දිය ගෙවන්නේ! අස්පයාට වන්දිය මං කොහොමෙයි ගෙවන්නේ. මීට හොඳයි මං දිවි නසාගන්න එක.'

(4). මෙහෙම සිත සිතා යද්දී පාර අයිනේ කැලෑබද තැනක පහළට ප්‍රපාතයක් ඇති පර්වතයක් තිබ්බා. ඒ පර්වත ඡායාවේ පහළට වෙන්ට බටගස් වැඩකරන පිය පුතු දෙදෙනෙක් පැදුරක් වියමින් සිටියා. ගාමණීචණ්ඩ අර තුන්දෙනාට මෙහෙම කිව්වා. "අනේ මිතුරනි, මට වැසිකිළි යන්ට වෙලා. පොඩ්ඩක් ඔහොම ඉන්ට. මං මේ කැලෑවට ගිහින් එන්නම්" කියලා ගිහින් කන්දට නැගලා මැරෙන්ට හිතාගෙන පහළට පැන්නා. ගිහින් වැටුනේ පහළ පැදුරු වියමින් ඉන්න පියාගේ පිට උඩටයි. පැදුරු වියන්නා එතැන ම මැරුණා. ගාමණීට මොකවත් වුනේ නෑ. වැලි පිසදා නැගිට්ටා. පුතා කෑ ගසන්ට තියා ගත්තා. "අයියෝ.... මොකාද තෝ.... මයෙ අප්පුච්චාව මැරුවා නේද හොරා. හිටු තෝ. මේ ඉන්නේ තොගේ රාජදූතයා" කියලා පඳුරෙන් ඇදගෙන පාරට ගෙනාවා. දැන් ගාමණීව මැදි කරගෙන සතර දෙනෙක් ම යනවා.

(5). ඊළඟ ගමට යද්දී එක් ගම්ප්‍රධානියෙක් ගාමණීචණ්ඩව දැක්කා. "ආ.... මොකෝ මාමණ්ඩියේ මේ.... කොයිබ යන ගමන් ද?"

"අනේ මං රජ්ජුරුවෝ බැහැ දකින්ට යනවා."

"ඕහෝ.... හැබෑට ඔහේ රජ්ජුරුවෝ බැහැදකින්ටෙයි යන්නේ? අනේ එහෙනම් මාත් රජ්ජුරුවන්ට හසුන්පතක් දෙන්ටයි හිටියේ. ඒකත් ගිහින් උන්නාන්සේට දෙනවාද?"

"හා හොඳා..."

"මාමණ්ඩියේ කාරණේ මේකයි. මං ප්‍රකෘතියෙන් ම හැඩරුව ඇතිව කඩවසම්ව හිටියේ. ධනයත් තිබ්බා. පිරිවරත් සිටියා. නීරෝගීව ලෙඩක් නැතිව උන්නා. නමුත් දැන් හරි අමාරුවෙන් ජීවත් වෙන්නේ. පාණ්ඩුරෝගෙත් හැදිලා ඉන්නේ. අනේ මාමණ්ඩියේ රජ්ජුරුවන්ගෙන් අසාපන් මේ විපැත්තියට කාරණේ මොකක්ද කියලා. රජ්ජුරුවෝ මහා නුවණැතියෙක් නොවැ. උන්නාන්සේ හරි උත්තරේ දේවි. උන්නාන්සේ කියන කාරණාව ආයෙ මට දැනුම් දෙන්ට ඕනෑ හොඳේ"

"හා.... හා.... හොඳා" කියලා පිටත් වුනා.

(6). ගාමණියි අර පිරිසයි ඉදිරියට යද්දී තවත් ගම්දොරකඩක් ළඟ හිටිය එක්තරා ගණිකාවක් ගාමණීගෙන් මෙහෙම ඇහැව්වා. "මාමණ්ඩියේ, උඹලා කොයිබෙයි යන්නේ?"

"රජ්ජුරුවෝ බැහැදකින්ට අපි යන්නේ"

"අනේ මං අසා තියෙනවා අපේ රජ්ජුරුවෝ මහා නුවණැත්තෙක් ය කියා. අනේ මගේ කාරණාවත් උන්නාන්සේට දැනුන් දීපං. මට ඉස්සර සෑහෙන්ට සල්ලි හම්බ වුනා. දැන් මට හාල් ටිකක් ගන්ටවත් කීයක්වත් ලැබෙන්නේ නෑ. මං ළඟට කවුරුවත් ම එන්නේ නෑ. මට එහෙම වුනේ ඇයි ද කියලා රජ්ජුරුවන්ගෙන් අසාගෙන එමින් ගමට ඇවිත් කියාපන් හොඳේ"

"හා එහෙනම් ඒකත් කියන්නම්" කියලා ගාමණී ඒ වැඩෙත් භාරගත්තා.

(7). ආයෙමත් යද්දී තවත් ගම්දොරකඩකදී තව තරුණ ස්ත්‍රියක් මුණ ගැසුනා. ඒ විදියට ම විස්තර අහලා ඈ මෙහෙම කිව්වා. "අනේ මාමණ්ඩි, අපේ රජ්ජුරුවෝ හරී පණ්ඩිතයිලු නේ. අනේ මගේ පණිවිඩෙත් ගිහින් කියන්ට. මං අපේ ස්වාමියාගේ ගෙදර ඉන්ට ආසත් නෑ. අපේ දෙමාපියන්නේ ගෙදර ඉන්ට ආසත් නෑ. මට මේ මොකොද වුනේ කියා රජ්ජුරුවන්ගෙන් අසාගෙන එමින් ගමන මට ඒක කියන්ට" "හොඳා" කියලා ඒ වැඩෙත් භාර ගත්තා.

(8). ආයෙමත් ඉදිරියට යද්දී මහාමාර්ගය අසල එක්තරා තුඹසක සර්පයෙක් හිස එළියට දාගෙන බලා සිටියා. "ආ.... චණ්ඩ, කොහෙදෑ ඔය යන්නේ?"

"මං රජ්ජුරුවෝ බැහැදකින්ට යනවා."

"අනේ එහෙනම් රජ්ජුරුවන්ට මගේ පණිවිඩෙත් කියනවැයි? මං ගොදුරු සොයන්ට එළියට යන්නේ හොඳටම මැලවුණු සරීරයෙන් මහා බඩගින්නකින්. ඉතින් මං පිටතට නික්මෙද්දී මේ සිරුරෙන් තුඹස ඇතුල පිරෙනවා. හරී අමාරුවෙන් එළියට එන්නේ. නමුත් ගොදුරු සොයාගෙන කාලා ඇඟ මහත් කොරගෙන සිදුරෙන් ඇතුලට යද්දී කිසි කරදරයක් නෑ. හනිකට යන්ට පුළුවනි. මෙහෙම වෙන්ට කාරණාව මොකක්ද කියලා රජ්ජුරුවන්ගෙන් අසාගෙන එමින් ගමන මටත් කියන්ට ඕනෑ ඕං. මං මග බලාන ඉන්නවා."

"හා.... හොඳා.... උඹේ කාරණෙත් මං ඇවිත් කියන්නම්."

(9). ආයෙමත් ඉදිරියට යද්දී එක්තරා මුවෙක් මුණ ගැසුනා. මුවාත් කලින් වගේම විස්තර අහලා මෙහෙම කිව්වා. "අනේ චණ්ඩ, රජ්ජුරුවෝ හරිම පණ්ඩිතයිලු නේ. එහෙනම් ඔහේ ගිහින් එන ගමන් මගේ ගැටළුවත් විසඳාගෙන එන්ට. මට කන්ට පුළුවන් එක ම ගහක් යට තියෙන තණ විතරයි. වෙන තැන්වල ඇති තණකොළ මට කන්ට ම බෑ. මේකට හේතුවයි මට දැනගන්ට ඕනෑ."

(10). ආයෙමත් ඉදිරියට යද්දී වටුකුරුල්ලෙක් මුණ ගැසුනා. කලින් වගේම විස්තර අහලා කුරුල්ලා මෙහෙම කිව්වා. "අනේ මාමණ්ඩියේ, ඔයා ගිහින් එමින් ගමන මගේ මේ ප්‍රශ්නයට උත්තරයක් රජ්ජුරුවන්ගෙන් අසාගෙන එන්ට ඕනෑ. මං එක්තරා තුඹසක් පාමුල ඉඳන් හඬතලද්දී මිහිරට හඬතලන්ට පුළුවනි. නමුත් වෙනත් තැන්වල ඉඳන් ඒ විදිහට මිහිරට හඬතලන්ට බෑ නොවැ. ඕං ඔය කාරණයයි මට දැන ගන්ට ඕනෑ."

(11). ඒ පණිවිඩයත් අරගෙන ඉදිරියට යද්දී එක්තරා වෘක්ෂ දේවතාවක් මුණ ගැසුනා. "ආ.... චණ්ඩ.... මේ කොහේ යන ගමන්ද?"

"මං අපේ රජ්ජුරුවන්ව බැහැදකින්ට යනවා."

"අපේ රජ්ජුරුවෝ හරී පණ්ඩිතයිලු නේ. මටත් කාරණාවක් තියෙනවා උන්නාන්සේගෙන් දැනගන්ට. ඒ කියන්නේ මට කලිං බොහොම අගේට සත්කාර සම්මාන ලැබුනා. දැන් අඩු ගණනේ දළුකොළමිටක් තරම්වත් දෙයක් ලැබෙන්නේ නෑ. ඕන්න ඕකයි මට දැනගන්ට ඕනෑ මොකදෑ මේ උනේ කියලා. අනේ එහෙනම් මේ කාරණේ රජ්ජුරුවන්ගෙන් අසාගෙන එන්ට."

(12). තවත් ඉදිරියට යද්දි එක්තරා නාගයෙක් මුණ ගැසුනා. නාගයාත් කලින් වගේම විස්තර අහලා මෙහෙම කිව්වා. "හරි.... චණ්ඩ, මාත් අසා තියෙනවා ඔය රජ්ජුරුවෝ මහා පණ්ඩිතයෙක් ය කියා. ඒ නිසා මගේ ගැටළුවටත් පිළිතුරක් ඕනෑ වෙලා තියෙනවා. මං ඉන්න මේ විලේ ජලය ඉස්සර හරිම ප්‍රසන්නයි. මැණික් කැටේ වගේ. ඒකට දැන්.... හැම පැත්තෙන් ම කැළඹිලා කෙළවරක් නැතිව ඉස්ගෙඩියෝ බෝ වෙලා. හරිම අපුලයි. කරුණාකරලා අසාගෙන එනවාද මෙහෙම වෙන්ට හේතු වෙච්චි කාරණේ මොකක්ද කියලා."

(13). තවත් ඉදිරියට යද්දි නගරයට ආසන්නයේ එක්තරා කුටියක වාසය කරන තාපසයෙකුට මේ පිරිස දකින්ට ලැබුනා. තාපසයාත් කලින් වගේම විස්තර අහලා මෙහෙම කිව්වා. "ඔව් පින්වත, අපේ රජ්ජුරුවෝ මහා ප්‍රඥාසම්පන්නයි කියා මං අසා තියෙනවා. එහෙනම් ඔබ රජ්ජුරුවන්ට මගේ ගැටළුවත් ඉදිරිපත් කළොත් ගොඩාක් පිං. ඉස්සර මේ ආරාමේ ගස්වැල්වල පලතුරු හරිම මිහිරියි රසවත්. දැන් කිසිම ඕජසක් නෑ. නිකං කහට රසයි. හැබැටම අපේ ආරාමේ පලවැලවලට මේ මොකොද වුනේ කියලයි මට දැනගන්ට ඕනෑ."

(14). එතැනින් තවත් ඉදිරියට ගිහින් නගර ද්වාරය අසල එක්තරා ශාලාවක සිටිය තරුණ බ්‍රාහ්මණ පිරිසක් කලින් වගේම විස්තර අහලා ගාමණීට මෙහෙම කිව්වා. "භවත් චණ්ඩ, එහෙනම් අපගේ නුවණැති රජ්ජුරුවන්ගෙන් මේ කරුණ අපට දැනගන්ට ඕනෑ බව කියන්ට. ඉස්සර අපි ඉගෙන ගන්න ගන්න දේ අගේට මතක හිටිනවා. නමුත් දැන් සිදුරු වෙච්චි කලගෙඩියකට වතුර දමනවා වගේ. මොකවත් මතකයේ පිහිටන්නේ නෑ.

වැටහෙන්නේ නෑ. අන්ධකාරයි. මේකට කාරණේ මොකද්ද කියා රජ්ජුරුවන්ගෙන් අසාගෙන එන්ට පුළුවනිද?"

ඉතින් ගාමණීචණ්ඩත් මේ හසුන්පත් දාහතරමත් අරගෙන රජ්ජුරුවෝ බැහැදකින්ට ගියා. රජතුමා විනිශ්චයාසනේ අසුන්අරා වැඩ උන්නා.

ඉස්සෙල්ලාම ගවයන්ගේ අයිතිකාරයා ගාමිණීචණ්ඩව ඉදිරිපත් කළා. රජ්ජුරුවෝ ගාමිණීචණ්ඩව හඳුනාගත්තා. 'හා! මෙයා අපේ පියරජ්ජුරුවෝ ළඟ සිටිය උපස්ථායකයෙක් නොවැ. ඒ කාලේ අපවත් වඩාගෙන හිටියා.... ඕ.... මෙතෙක් කල් මෙයා හිටියේ කොහිද?' කියා සිතන්ට පටන් ගත්තා.

"එම්බා චණ්ඩ, මෙතෙක් කල් ඔබ කොහිද සිටියේ? සෑහෙන කාලයකින් නොවැ දකින්ට ලැබුනේ."

"එහෙමයි දේවයන් වහන්ස, අපේ රජ්ජුරුවෝ දිවංගත වුනාට පස්සේ මං ඈත ගමකට ගිහින් ගොයිතැන් කරගෙන ජීවත් වෙන්නේ. එහෙදී මේ පුරුෂයෙක් ගොනුන් නැති වෙච්චි කාරණයකට මට රාජදූත දර්ශනය කරලා ඔබවහන්සේ සමීපයට ඇදගෙන ආවා."

"හරි.... ඇදගෙන ආවේ නැත්නම් එන්නේ නෑ නොවැ. කමෙක් නෑ. ඇදගෙන ආ එකත් හොඳා. දැන් ඒකෙන් තොපව දැකගන්ට ලැබුනා නොවැ. කෝ ඒ පුරුෂයා?"

"මේ ඉන්නේ දේවයන් වහන්ස"

"ඇත්තද භවත, තොප අපගේ චණ්ඩයාහට රාජදූත දර්ශනය කෙරෙව්වාද?"

"ඇත්තයි දේවයන් වහන්ස."

"මොකක්ද ඒකට හේතුව?"

"දේවයන් වහන්ස, මෙයා මගෙන් ඉල්ලාගත්තු ගොන්නු දෙන්නා දුන්නෙ නෑ."

"හැබෑද චණ්ඩ මේ කියන්නේ?"

"එසේ නම් දේවයන් වහන්ස, මගේ වචනයත් ඇසුව මැනව" කියලා වෙච්චි හැම දෙයක් ම කිව්වා.

"භවත, එතකොට මේ චණ්ඩ කියන හැටියට ගොන්නු දෙන්නා තොපගේ ගෙට ඇතුළු වෙනවා දැක්කාද?"

"අනේ නෑ දේවයන් වහන්ස."

"භවත, මට තමයි ආදාසමුඛ රජ්ජුරුවෝ කියන්නේ. කා එක්කද මේ කතා කරන්නේ කියා තොප අසා නැද්ද? හොඳට විශ්වාසයෙන් කතා කරපන්"

"දැක්කා දේවයන් වහන්ස."

"භවත් චණ්ඩ, එතකොට ගොන්නු තමන්ට වචනයෙන් පවරා දුන්නේ නැතෙයි කියලා ගොන්නුන්ව තොපගේ ණයට දැම්මා. මේ පුරුෂයා ගොන්නු ගෙට යනවා දැකලයි දැක්කේ නැතෙයි කියා දැන දැන බොරු කීවේ. ඒ නිසා චණ්ඩ දැන් ඔබ ම මේ වැඩේ කරන්ට ඕනෑ. මේ පුරුෂයාගෙයි, බිරිඳගෙයි ඇස් ගලවා මෙයාගේ ගොන්නුන්ගේ මිල හැටියට කහවණු විසිහතරක් දෙන්ට." මෙහෙම කියලා ඔහුව විනිශ්චය ශාලාවෙන් එළියට දැම්මා.

"අයියෝ.... මට දෑස උපුටා දැම්මවිට කහවණුවලින්

මක්කොරන්ට ද කියලා ගාමණීචණ්ඩගේ දෙපාමුල වැඳවැටී "අනේ ස්වාමි චණ්ඩ, මයේ ගොන්නුන්ගේ වියදම මට එපා. ඔයා ම තියාගන්ට. අනේ මේ කහවණු කීපයත් තියාගන්ට" කියලා එතැනින් පලා ගියා.

ඊට පස්සේ දෙවැන්නා ආවා. "දේවයන් වහන්ස, මේ තැනැත්තා මගේ බිරින්දෑට පහර දීලා ඇගේ දරු ගැබ වැට්ටුවා."

"හැබෑද චණ්ඩ, මේ කියන කතාව?"

"අනේ දේවයන් වහන්ස, මේක වුනේ මෙහෙමයි" කියල සියලු විස්තර කියා සිටියා.

"එතකොට චණ්ඩ තොප මොහුගේ බිරිඳට පහර දී දරු ගැබ වැට්ටුවාද?"

"අනේ නෑ දේවයන් වහන්ස."

"එම්බල, තොපට ඔප්පු කරන්ට පුළුවන් ද මේ තැනැත්තා ම යි දරුගැබ වැට්ටුවේ කියලා."

"අනේ එහෙම කරන්ට පුළුවන් කමක් නෑ දේවයන් වහන්ස. දේවයන් වහන්ස, මට දරුවා ලබාදෙන්ට කියන්ට"

"එම්බල චණ්ඩ, එහෙනම් තොප මොහුගේ බිරිඳ තොපගේ ගෙදරට කැඳවාගෙන යන්ට. ඈ දරුවෙක් වැදුවාම ගෙනැවිත් මොහුට භාර දෙන්ට" කියලා ඔහුවත් ශාලාවෙන් එළියට දැම්මා. එතකොට ඔහු ගාමණීචණ්ඩගේ පාමුල වැඳ වැටී "අනේ ස්වාමී, මගේ පවුල කඩන්ට එපා. මේ.... මේක අතේ තියාගන්ට" කියා කහවණු කීපයක් දීලා පලා ගියා.

ඊට පස්සේ තුන්වැන්නා ඇවිදින් මෙහෙම කිව්වා. "අනේ දේවයන් වහන්ස, මේ තැනැත්තා මයේ අස්පයාට ගල්ගෙඩියකින් ගසා පාදයක් බින්දා"

"හැබෑද චණ්ඩ?"

"දේවයන් වහන්ස, ඒක වුනේ මෙහෙමයි කියා සියලු විස්තර සැළකළා.

"එතකොට භවත, තොප අස්පයාට පහර දීලා නවත්වාගන්ට කියා කිව්වා නේද?"

"නෑ දේවයන් වහන්ස, මං කීවේ නෑ"

"මේ.... ඇත්ත කියාපන්. වැඩ වරද්දා ගන්ට එපා"

"කිව්වා ස්වාමීනී, මං කිව්වා"

"චණ්ඩ, මේකා කියලා කිව්වේ නැතෙයි කියා මුසාවාදයක් කිව්වා. තොප දූන් මේකාගේ දිව කපන්ට ඕනෑ. ඊට පස්සේ අපගේ ගබඩාවෙන් කහවණු දහසක් අරගෙන මේකාට දෙන්ට ඕනෑ" කියලා ශාලාවෙන් එළියට පිටත් කළා. අස්ගොව්වත් කලින් වගේම වැඳ වැටී ගාමණීට කහවණු දීලා පලා ගියා.

ඊට පස්සේ බට ලී වැඩ කරන්නාගේ පුතා ආවා. "දේවයන් වහන්ස, මේ ඉන්නේ මයේ අප්පච්චි මරාපු සොරා."

"හැබෑද චණ්ඩ?"

"අනේ දේවයන් වහන්ස, මේ කතාවත් ඇසුව මැනව" කියා සියලු විස්තර කිව්වා.

"එතකොට මේකට මොකද කරන්නේ?" කියලා රජ්ජුරුවෝ බට ලී වැඩකරන පුතාගෙන් ඇසුවා.

"දේවයන් වහන්ස, මට මයේ අප්පච්චි ඕනෑ"

"හා.... එහෙනම් චණ්ඩ, මොහුට පියෙක් ඕනෑ කියනවා. මළකඳක් අරගෙන එන්ට බෑ නොවැ. එහෙනම් මොහුගේ මෑණියන්ව රැගෙන ඇවිත් තොපගේ ගෙදර නවත්වා මොහුගේ පියා බවට පත් වෙන්ට. එතකොට පියාගේ අඩුව පිරෙනවා නොවැ" කියලා ඔහුව එළියට පිටත් කළා. ඔහුත් කලින් වගේම ගාමණීට කහවණු දීලා පලා ගියා.

රජතුමා ප්‍රශ්නය විසඳූ ආකාරය ගැන ගාමණීචණ්ඩ මහත් සතුටට පත් වුනා. රජ්ජුරුවන්ට මෙහෙම කිව්වා. "දේවයන් වහන්ස, මං මෙහෙම එද්දී එක එක්කෙනාගේ ගැටළු ගැනත් හසුන් රැගෙන ආවා. ඒවා කියන්ට අවසරද?"

"හා.... කියන්ට චණ්ඩ"

එතකොට ගාමණීචණ්ඩ අන්තිමට තමන්ට දානුම් දීපු ප්‍රශ්නයේ පටන් එකිනෙක කියන්ට පටන් ගත්තා. ඒ අනුව ඉස්සෙල්ලාම කතා කළේ බ්‍රාහ්මණ තරුණයන්ට පාඩම් අමතක වෙන එක ගැනයි. එතැන සිට රජ්ජුරුවෝ පිළිවෙළින් විසඳුවා.

"චණ්ඩ, ඔය බ්‍රාහ්මණ තරුණයින්ට කලින් හොඳට පාඩම් හිටියා නොවැ. ඒකට හේතුව මේකයි. ඒ දවස්වල ඔවුන් වසන තැන නියමිත වෙලාවට හඬලන කුකුළෙක් ඉඳලා තියෙනවා. ඒ කුකුළාගේ හඬට අවදිවෙලා වේද මන්ත්‍ර සජ්ඣායනා කරද්දී එළිය වැටෙනවා. ඒ කාලේ උගත් දේ අමතක වුනේ නෑ. නමුත් දැන් අමතක වෙන්නේ ඒ තරුණයන් වසන තැන අවේලාවේ හඬලන කුකුළෙක්

ඇති. එතකොට එක්කෝ මහරෑ ජාමේ අවදිවෙනවා. එහෙම නැත්නම් එළිවෙලා අවදිවෙනවා. මහරෑ අවදිවෙලා මන්ත්‍ර සජ්ඣායනා කරද්දී නිදිකිරා වැටෙමින් ඉඳලා සජ්ඣායනා නොකොට ආයෙමත් නිදියනවා. දවල් වෙලා අවදිවුනාම සජ්ඣායනා කරන්ට අවස්ථාව ලැබෙන්නේ නෑ. ඒකට හේතුව එයයි.

තාපසයාගේ ආරාමේ පලවැල නීරස වෙන්නේ ඇයි කියලා නොවැ දෙවෙනියට ඇසුවේ. ඔය තාපසවරු ඉස්සර හොඳට භාවනානුයෝගීව වාසය කළා. දැන් තපස්දම් පිරිල්ල පැත්තකට දාලා ආරාමේ හටගත් පලවැල කඩාගෙන මිනිස්සුන්ට දීලා ඒ වෙනුවට තමන්ට ආසා කෑම ජාති ගෙන්නාගෙන මිථ්‍යා ආජීවෙන් වාසය කරනවා විය යුතුයි. පලතුරු නීරස වුනේ ඒ නිසා. ඕවා අත්හැරලා කලිං වගේ හොඳට පැවිදිදම් පුරනවා නම් ආයෙමත් පලවැල රසවත් වේවි. ඒ තාපසවරු රාජකුලයේ නුවණැතිබව ගැන දන්නේ නෑ. ඒ අයට හොඳින් මහණකම කරන්ට කියන්ට.

තුන්වැනිව නාගරාජයාගේ ප්‍රශ්නයට පිළිතුර මේකයි. ඒ විලේ වාසය කරන නාගයෝ එකිනෙකා කලකෝලාහල කරගන්නවා ඇති. ඒකයි ජලය කැළඹෙන්නේ. ඉස්සර වගේ සමගි සම්පන්නව වාසය කරන්ට කියන්ට. එතකොට කලින් වගේම විල් ජලය නිල් කැටේ වගේ හොඳට ප්‍රසන්න වේවි.

සතරවෙනිව රුක් දෙවියාගේ ගැටළුවට විසඳුම මේකයි. ඔය රුක් දෙවියා ඉස්සර ඔය වනයේ වාසය කරන මිනිසුන්ව ආරක්ෂා කළා. ඒ කාලේ හොඳට ලාභසත්කාර ලැබුනා. දැන් ඒ දෙවියා මිනිසුන්ව රකින්නේ නෑ. ලැබීමක්

නැත්තේ ඒ නිසා. හැබැයි ආයෙමත් මිනිසුන්ව කලින් වගේ රකින්ට ගත්තොත් හොඳට ලාභසත්කාර ලැබේවි. රජවරු ඉන්න බව දෙවියා දන්නේ නෑ. ඒ නිසා ඒ දෙවියාට කියන්ට කැලෑබද මිනිස්සුන්ව ආරක්ෂා කරන්ට කියලා.

පස්වෙනි කාරණේ හැටියට කීවේ වටුකුරුල්ලා තුඹස පාමුල සිට හඬතලද්දී ඉතා සතුටින් හඬතලන බව නොවැ. ඒකට හේතු මෙයයි. ඔය තුඹස යට වස්තුව නිධන්කළ කළයක් තියෙනවා. ගිහින් ඒක ගොඩට ගන්ට.

සයවෙනි කරුණ හැටියට කීවේ එක්තරා රුකක්මුල ඇති තණකොළ කන්ට මුවා ගොඩාක් කැමතියි කියලයි. ඒ රුකේ ලොකු මීවදයක් ඇති. ඒ මීවදයෙන් මී බිඳු වැටෙනවා අර තණකොළ මතට. ඒ තණකොළවලට ආසාව තියෙන නිසයි මුවා වෙන තැන්වල වැවෙන තණකොළ කන්ට අකැමති. තොප ගිහින් ඒ මී වදය කඩාගෙන හොඳ පැණි වද ටික අපට එවන්ට. ඉතිරිවා තමන්ගේ පරිභෝජනයට ගන්ට.

සත්වෙනුවට කීවේ තුඹසේ වසන සර්පයාට තුඹසින් එළියට එද්දී අමාරුයි. නමුත් පිටතට ඇවිත් ගොදුරු කා මහත් සිරුරකින් යුතුව සිටත් නැවත තුඹසට රිංගද්දි වේගයෙන් ඇතුළු වෙනවා කියලයි. ඒකට හේතුව මෙයයි. ඔය තුඹස ඇතුලේ නිධානයක් තියෙනවා. සර්පයා ඉන්නේ නිධානෙට ආසාවෙන්. ධනලෝභයෙන් ඒ නිධානයට ඇලුම් කරන නිසා පිටතට එන්නේ අපහසුවෙන්. ගොදුරු කෑවට පස්සේ ධනලෝභය නිසයි වේගයෙන් ඇතුලට යන්නේ. ඒ නිධානය ගොඩට ගෙන තොප අරගන්ට.

අටවැනිව කීවේ තරුණ ස්ත්‍රියකට තමන්ගේ ස්වාමියාගේ ගෙදර ඉන්ටත් ආසා නෑ, තම දෙමාපියන්ගේ මහගෙදර ඉන්ටත් ආසා නෑ කියලා. ඔය නිවාස පිහිටි ගම් අතරේ ඇති එක්තරා ගමක ඇයට හොරමිනිහෙක් ඉන්නවා. ඒ හොර සැමියා මතක් වෙද්දී සැමියාගේ ගෙදර ඉන්ට හිතෙන්නේ නෑ. එතකොට මාපියන් බලන්ට යන්ට ඕනෑ කියලා සොර සැමියාගේ නිවසේ කීපදිනක් ගතකරලා මව්පියන්ගේ ගෙදර යනවා. ආයෙමත් හොර සැමියා මතක් වෙලා තමන්ගේ ස්වාමියාගේ ගෙදර යන්ට ඕනෑ කියලා ආයෙමත් සොරසැමියාගේ නිවසේ දින කීපයක් නැවතිලා සැමියාගේ ගෙදර යනවා. ඈට කියන්ට රජවරු ඉන්නවා කියලා. සැමියාගේ ගෙදර වාසය කරන්ට කියලා. එහෙම නොකළොත් රාජ අණ ක්‍රියාත්මක කරන්ට වෙනවා කියන්ට. අප්‍රමාදීව වැඩ කරන්ට කියන්ට.

නවවැනිව කීවේ ගණිකාවට ආදායම් නැති වීම ගැනයි. ඉස්සර ඔය ගණිකාව තමන්ගේ සේවාදායකයාගෙන් මුදල් ගත්තාට පස්සේ ඔහුත් සමග වාසය නොකොට තවත් කෙනෙකුගෙන් මුදල් ගත්තේ නෑ. දැන් ඈ තමන් තුළ තිබිය යුතු ගුණධර්ම අත්හැර එක් අයෙකුගේ අතින් මුදල් රැගෙන වෙනත් අයෙකු සමග වාසය කරනවා. කලින් මුදල් දුන් කෙනාට අවස්ථාව නොදී පසුව ආ කෙනාට අවස්ථාව දෙනවා. මේ නිසයි දැන් ආදායම් නැත්තේ. දැන් කවුරුවත් ඈ ළඟට එන්නේ නෑ. හැබැයි ගණිකාවක් තුළ තිබිය යුතු ගුණධර්මයන්ට අනුව සිටියොත් ඇයට කලින් වගේම ආදායම් ලැබේවි කියා කියන්ට.

දහවැනිව කීවේ ගම්ප්‍රධානියා කලින් කඩවසම් රුවක් ඇතිව, ධනය ඇතිව, නීරෝගීව සිටි බවත් දැන් සියලු දේ අහිමිව පාණ්ඩුරෝගියෙක්ව ඉන්නා බවත්

ගැනයි. ඉස්සර ඔහු ඉතා ධාර්මිකව ප්‍රශ්න විසඳුවා. ඒ කාලේ මිනිස්සු ඉතා ප්‍රියමනාප වුනා. ප්‍රියමනාප නිසා මිනිස්සු ඔහුට බොහෝ තෑගිභෝග දුන්නා. ඒ නිසයි ධන, රුව, නීරෝගිකම ලැබුවේ. පස්සේ අල්ලස් ගත්තා. අධාර්මිකව විනිශ්චය දුන්නා. දැන් ඒ නිසයි ලෙඩවෙලා දුප්පත්ව ඉන්නේ. ඔහු කලින් වගේ ධාර්මිකව විනිශ්චය කරනවා නම් දියුණුවට පත් වේවි. ඔහු දන්නේ නෑ රජෙක් ඉන්නවා කියලා. ඔහුට කියන්ට අල්ලස් නොගෙන දැහැමින් ප්‍රශ්න විසඳන්ට කියලා.

ඔය විදිහට ආදාසමුඛ රජ්ජුරුවෝ ගාමණීචණ්ඩ ඉදිරිපත් කළ සියලු හසුන්පත්වලට පිළිතුරු විසඳා දුන්නා. ඊට පස්සේ ගාමණීචණ්ඩට බොහෝ ධනයත් දීලා, ඔහු වාසය කළ ගමත් නින්දගමක් හැටියට ඔහුට ම පවරා දීලා පිටත් කෙරෙව්වා. ගාමණීචණ්ඩ නගරයෙන් නික්මී ඉස්සෙල්ලාම වේදය ඉගෙන ගන්නා බ්‍රාහ්මණ තරුණයන් ළඟට ගිහින් කරුණු විසඳා දුන්නා. ඊට පස්සේ තාපසයින් ළඟටත්, නාගරාජයා ළඟටත්, රුක්දේවතාවා ළඟටත් ගිහින් විසඳාලූ ගැටළු පහදා දුන්නා. ඊට පස්සේ වටුකුරුල්ලා හඬතලන තැනට ගිහින් නිධානයත් ගොඩගත්තා. මුවා තණ කන තැනට ගිහින් මීවදයත් කඩාගත්තා. සර්පයා වසන තැනට ගිහින් තුඹස බිඳවා නිධානය ගත්තා. තරුණ ස්ත්‍රියටත්, ගණිකාවටත් ගම්ප්‍රධානියාටත් රජ්ජුරුවෝ විසඳා දුන් පිළිවෙළ කියා දුන්නා. ගාමණීචණ්ඩ තමන්ට ලැබුනු ගමට ගිහින් ඉතා සැපසේ වාසය කළා. ආදාසමුඛ රජ්ජුරුවෝ දානාදී බොහෝ පින් කොට මරණින් මතු දෙව්ලොව උපන්නා.

මහණෙනි, තථාගතයෝ මහාප්‍රඥාවන්ත වුනේ දැන් පමණක් නොවේ. පෙර ආත්මයේත් මහා නුවණින්

යුක්තයි” කියා චතුරාර්ය සත්‍ය ධර්ම දේශනාව වදාළා. ඒ දේශනාවේ කෙළවර බොහෝ භික්ෂූන් වහන්සේලා රහත්ඵලයට පත්වුනා. තවත් භික්ෂූන් වහන්සේලා සෝවාන්, සකදාගාමී, අනාගාමී ඵලයන්ට පත් වුනා. “මහණෙනි, එදා ගාමණීචණ්ඩව සිටියේ අපේ ආනන්දයෝ. ආදාසමුඛ රජතුමාව සිටියේ මම යි” කියා භාග්‍යවතුන් වහන්සේ මේ ජාතකය නිමවා වදාළා.

08. මන්ධාතු ජාතකය

මහාමන්ධාතු රජුගේ කතාව

පින්වතුනේ, පින්වත් දරුවනේ,

අසංවර වූ සිතින් ලොව දෙස දකින අවස්ථාවන්වලදී අපගේ සිත්වල ලාමක ආශාවන් හටගන්ට ඉඩ තියෙනවා. නමුත් හිතේ ලාමක ආශා ඇති වූ පමණින් ඒ ආශාවන් පසුපස හඹා යාම නම් එතරම් හොඳ දෙයක් නොවේ. ඒ නිසා ම තමා මහත් කැපවීමෙන් ඇති කරගත් වටිනා ගුණධර්ම පවා තමාට අහිමි වෙන්ට පුළුවනි. මෙය එබඳු කතාවක්.

ඒ දිනවල අපගේ භාග්‍යවතුන් වහන්සේ වැඩ වාසය කළේ සැවැත්නුවර ජේතවනයේ. දවසක් එක් භික්ෂුවක් සැවැත්නුවර පිඬුසිඟා වඩිද්දී හොඳින් හැඳ පැළැඳගත් හැඩකාර ස්ත්‍රියක දකින්නට ලැබුනා. ඒ භික්ෂුවගේ සිතේ නිදාසිටි කාමවිතර්ක අවදිවෙන්ට එය හේතුවක් වුනා. කාමයන්ගේ ආදීනව මෙනෙහි කිරීම වෙනුවට ආශ්වාදය මෙනෙහි කරන්ට පටන් ගත්තා. ටික දවසක් යද්දී මේ භික්ෂුව සිවුරු හැර ගිහිවීමේ අදහසට පැමිණියා. එතකොට වැඩිහිටි භික්ෂූන් වහන්සේලා මොහුව භාග්‍යවතුන් වහන්සේ වෙත කැඳවාගෙන ගියා.

"ස්වාමීනී, මේ භික්ෂුවට පැවිද්ද හරි පීඩාවක්ලු.

ගිහිවෙන්ට ඕනෑ කියලා කියනවා"

"හැබෑද භික්ෂුව, ඔබට එහෙම ඇති වුනාද?"

"එහෙමයි ස්වාමීනී."

"කවදා පටන් ද ඔබට එහෙම වුනේ?"

"ස්වාමීනී, මං පිඬුසිඟා යද්දී හොඳින් හැඳ පැළඳගත් හැඩකාරියක් දැක්කා. ඊට පස්සෙයි මේ පීඩාව ඇති වුනේ"

"භික්ෂුව, ඔබ දැන් ගිහියෙක් වෙලා තමන්ගේ සිතේ හටගත් තෘෂ්ණාව සෑහීමකට පත් කරගන්නේ කවදාක ද? කාම තණ්හාව කියන්නේ මහාසාගරය බඳු දෙයක්! ඇතිවීමක් නම් වෙන්නේ නෑ. ඉස්සර හිටිය රජෙක් දෙදහසක් පරිවාර දිවයින් ඇතුළු කොට මහද්වීප සතරක අධිපතිව චක්‍රවර්ති රාජ්‍ය කරලා මිනිස් රූපයෙන් ම පිරිවර සහිතව චාතුර්මහාරාජික ලෝකයේත් රාජ්‍ය කරලා තව්තිසා දෙව්ලොව ගොහින් තිස්හයක් ශක්‍රදෙවිවරු පහළ වෙලා නැතිවෙනකල් දේවරාජ්‍යයත් කරලා තමන්ගේ සිතේ හටගත් කාම තෘෂ්ණාවේ ඇති වීමක් නොදැක මැරිලා ගියා. එහෙම එකේ ඔබට කවරදාක නම් මේ තෘෂ්ණාවේ ඇතිවීමක් හදාගන්ට ඇහැක් වේවිද?" කියා භාග්‍යවතුන් වහන්සේ මේ අතීත කතාව ගෙනහැර දක්වා වදාළා.

"මහණෙනි, ගොඩාක් ඉස්සර, මේ කල්පයේ මුල් කාලේ මහාසම්මත නමින් රජෙක් සිටියා. ඔහුගේ පුත්‍රයා වුනේ රෝජ රජු. රෝජ රජුට සිටියා වරරෝජ නමින් පුතෙක්. ඔහුට සිටියා කල්‍යාණ නමින් පුත්‍රයෙක්. කල්‍යාණ රජුට සිටියා වරකල්‍යාණ නම් පුත්‍රයෙක්. ඔහුට

සිටියා උපෝසථ නම් පුත්‍රයෙක්. මේ උපෝසථ රජුන්ට මන්ධාතු නමින් පුත්‍රයෙක් සිටියා. මේ මන්ධාතු රජු සප්ත රත්නයන්ගෙන් යුක්තව, සිව් ඉර්ධියකින් යුක්තව චක්‍රවර්ති රාජ්‍යය කළා. ඔහු වම් අත දිග හැර දකුණු අතින් අප්පුඩි ගසන තාලයට දිව්‍ය වර්ෂාවක් වගේ දණ ප්‍රමාණයට සත්රුවන් වැසි අහසින් වසිනවා. ඔහු මෙබඳු අසිරිමත් මිනිසෙක්ව සිටියේ. ඔහු අවුරුදු අසූහාරදහසක් කුමාර ක්‍රීඩාවෙන් කල්ගත කළා. අවුරුදු අසූහාරදහසක් යුවරාජ පදවිය හෙබෙව්වා. අවුරුදු අසූහාරදහසක් චක්‍රවර්ති රාජ්‍ය කළා. ඔහුට අසංඛෙය්‍යක් අවුරුදු ආයුෂ තිබුනා.

දවසක් ඔහු තමන්ගේ කාම තෘෂ්ණාව තෘප්තිමත් කරගන්ට බැරිව මහත් අසහනයකින් සිටියා. ඇමතිවරු ඇසුවා "දේවයන් වහන්ස, ඇයි තමුන්නාන්සේ බලවත් පීඩාවකින් වගේ" කියලා.

"මං මේ කල්පනා කළේ මගේ පුණ්‍ය බලය ගැන සිතාබලද්දී මේ රාජ්‍යය මොකක්ද කියලා හිතෙනවා. හැබැට ඇමතිවරුනි, වඩාත් රමණීය රාජ්‍යය මොකක්ද?"

"දෙව්ලොව නොවැ දේවයිනි."

එතකොට මන්ධාතු රජ්ජුරුවෝ චක්‍රවර්ති මාණික්‍යයට පැන් ඉසලා පිරිසත් සමඟ ම චාතුම්මහාරාජික දෙව්ලොව ගියා. සතරවරම් මහාදෙව්රජවරු සුවඳ හමන දිව්‍ය මල්මාලා අතැතිව දෙව්පිරිස පිරිවරා ඇවිත් පෙර ගමන්කොට මන්ධාතු රජ්ජුරුවන්ව පිළිඅරගෙන දිව්‍යරාජ්‍යය පවරා දුන්නා. ඔහු තමන්ගේ මනුලොව පිරිසත් සමඟ දෙව්රජය කරද්දී බොහෝ කල් ඉකුත්ව ගියා. කලක් යද්දී තමන්ගේ කාම තණ්හාව සෑහීමකට

පත්කරගන්ට බැරිව මහත් අසහනයකට පත් වුනා. සතරවරම් දෙව්මහරජවරු ඇවිත් ඇහුවා "ඇයි මහරජ, මහත් පීඩාවකින් වගේ ඉන්නේ" කියලා.

"මං මේ කල්පනා කළේ මේ දෙව්ලොවට වඩා රමණීය සථානය මොකක්ද කියලයි"

"මහරජ, අපි හරියට අන්‍යයන්ට උපස්ථාන කරන මිනිස්සු වගේ. තව්තිසා දෙව්ලොව තමයි ගොඩාක් ම ලස්සන"

එතකොට මන්ධාතු රජ්ජුරුවෝ චක්‍රවර්ති මාණික්‍යයට පැන් ඉසලා පිරිසත් සමගම තව්තිසාව පැත්තට ගියා. දිව්‍ය මාලා අතින් රැගෙන, දෙව්පිරිස පිරිවරාගෙන සක්දෙවිඳු පෙරගමන් ඇවිත් රජ්ජුරුවන්ව පිළිඅරගෙන 'මෙතැනින් සැපත් වෙන්ට රජතුමනි' කියා කිව්වා. මන්ධාතු රජ්ජුරුවන්ව දෙව්පිරිස පිරිවරාගෙන යද්දී, රජ්ජුරුවන්ගේ පරිනායක රත්නය වන පුත්‍ර රත්නය චක්‍රවර්ති මාණික්‍යයත් අරගෙන පිරිසත් සමග මනුලොවට බැස්සා. සක්දෙවිඳු මන්ධාතු රජ්ජුරුවන්ව තව්තිසාවට කැඳවාගෙන ගොහින් තව්තිසාව දෙකට බෙදා එක් කොටසක අධිපති බව මන්ධාතු රජුට ලබා දුන්නා.

එතැන් පටන් තව්තිසාවේ රජවරු දෙන්නෙක් රාජ්‍ය කළා. මෙසේ කල්ගත වෙද්දී සක්දෙවිඳු තුන්කෝටි සැටදහසක් වර්ෂ ආයුෂ ගෙවා දෙව්ලොවින් චුත වුනා. වෙනත් අයෙක් සක්දෙව් තනතුරට පහළ වුනා. ඔහුත් ශක්‍ර පදවියට හොබවා ආයුෂ ගෙවීමෙන් මරණයට පත් වුනා. මේ ක්‍රමයෙන් සක්දෙව්වරු තිස් හය දෙනෙක් ම රජකොට චුතව ගියා. මන්ධාතු රජු මිනිස් සිරුරින් ම

එපමණ කලක් දෙව්රාජ්‍ය කළා. කල්ගත වෙද්දී බොහෝ සෙයින් ම කාමතණ්හාව වැඩිවී ගියා. "මං මොකටද තව්තිසාවේ භාගයකට අධිපති වෙන්නේ? සක්දෙවිඳු මරා මං තනි රාජ්‍යයක අධිපති වෙන්ට ඕනෑ" කියා සිතුවා. සක්දෙවිඳු මැරීම කරන්ට පුළුවන් දෙයක් නොවේ. මේ විපැත්තියට මුල තෘෂ්ණාව ම යි. ඒ සිතිවිල්ලෙන් ඔහුගේ ආයුසංස්කාරය පිරිහී ගියා. මහලු බවෙන් සිරුරට පහර වැදුනා. මිනිස් සිරුරක් දෙව්ලොවකදී බිඳෙන්නේ නෑ. ඔහු දෙව්ලොවෙන් පහළට බැස තමන්ගේ මිනිස්ලොව උයනට පාත්වුනා. උයන්පල්ලා මන්ධාතු රජු ආ වග රාජකුලයට දැනුම් දුන්නා. රාජකුලය ඇවිත් උයනේ ම ඇඳක් පැනෙව්වා. රජ්ජුරුවෝ නොනැගිටින ඉරියව්වෙන් සැතපුනා. "දේවයනි, ඔබවහන්සේ ගැන අන්‍යයන්ට මොකක්ද කියන්නේ?" කියලා ඇමතිවරු ඇසුවා.

"මං ගැන අන්‍යයන්ට, මහජනයාට මේන්න මේ පණිවිඩය කියාපන්. මන්ධාතු මහරජ්ජුරුවෝ දෙදහසක් දූපත් පිරිවරාගත් මහද්වීප සතරට අධිපතිව චක්‍රවර්ති රාජ්‍ය කරලා, බොහෝ කලක් චාතුම්මහාරාජිකයේත් රාජ්‍ය කරලා තිස්හයක් සක්දෙව්වරු තව්තිසාවේ රාජ්‍ය කොට චුත වී යනතුරු ඒසා කාලයකුත් රාජ්‍ය කරලා, තෘෂ්ණාව ඇතිවීමක් නැතිව මැරුණා කියා කියාපන්" කියලා කලුරිය කළා.

මේ අතීත කතාව ගෙනහැර දක්වා වදාළ භාග්‍යවතුන් වහන්සේ මේ ගාථාවන් වදාළා.

(1)

මේ හිරු සඳු නැගෙන ලොවේ
- බැබළෙන යම් දුරක් ඇද්ද

එතෙක් මේ ලොවේ සිටිනා
- දෙව්මිනිසුන් යමෙක් වේද්ද
පොළොව ඇසුරු කොට ජීවත්
- වෙන යම්කිසි සතුන් වෙත්ද
දාසයො වෙති හැම දෙනා ම
- මන්ධාතු මහරජුට වැන්ද

(2)

කහවණු වැස්සක් වැස්සත්
- කෙනෙකුට එය නොසෑහේ ය
කොපමණ කාමය වින්දත්
- එහි ඇතිවීමක් නොවේ ය
නුවණැත්තෝ නුවණින් මෙය
- දැක මෙලෙසට පැවසුවෝ ය
ටිකක් සතුට ඇතිවෙන මුත්
- මහ දුක් ඇති කාමයෝ ය

(3)

සම්මා සම්බුදුරජුන්ගෙ - ශ්‍රාවකයා මේ අයුරු ය
දෙව්ලොව දෙව් සැපය ගැනත්
- සිතට ඇල්ම නොගන්නේ ය
නිවන් මගට සිත යොමුකොට
- ආදීනව බලන්නේ ය
තණ්හාව ම නැති කරන්ට
- දහම තුළ ම ඇලෙන්නේ ය

මේ ජාතකය වදාළ භාග්‍යවතුන් වහන්සේ චතුරාර්ය සත්‍ය ධර්මය දේශනා කොට වදාළා. ඒ දේශනාව කෙළවර සිවුරු හැර යන්ට සිතාසිටි භික්ෂුව සෝවාන් ඵලයට පත් වුනා. අන්‍ය වූ බොහෝ භික්ෂූන් වහන්සේලාත්

මාර්ගඵලයන්ට පත් වුනා. මහණෙනි, එදා මහාමන්ධාතු රජුව සිටියේ මම යි" කියා භාග්‍යවතුන් වහන්සේ මේ ජාතකය නිමවා වදාළා.

09. තිරීටවච්ඡ ජාතකය

තිරීටවච්ඡ තාපසයාගේ කතාව

පින්වතුනේ, පින්වත් දරුවනේ,

කෙනෙකුගේ තිබෙන්නා වූ ගුණයන් දැන හඳුනාගෙන කතා කිරීම ඉතා යහපත් දෙයක්. මෙහි සඳහන් වෙන්නේ එබඳු කතාවක්.

ඒ දිනවල අපගේ භාග්‍යවතුන් වහන්සේ වැඩ වාසය කළේ සැවැත්නුවර ජේතවනයේ. දවසක් අපගේ ආනන්දයන් වහන්සේට කොසොල් රජ්ජුරුවන්ගේ අන්තඃපුර ස්ත්‍රීන්ට ලැබුනු ගොඩාක් වටිනා වස්ත්‍ර පන්සියයක් පූජා කළා. මෙය දැනගත් කොසොල් රජතුමා සතුටු වුනේ නෑ. "ශාස්තෘන් වහන්සේ අවසර දී තියෙන්නේ තුන් සිවුරක් පරිහරණය කරන්ට නොවැ. හවත් ආනන්දයෝ වටිනා වස්ත්‍ර පන්සියය ම පිළිගත්තේ වෙළඳාමක්වත් කරන්ට ද" කියා සිතුවා. සිතා අපගේ ආනන්දයන් වහන්සේ මුණ ගැසී "ස්වාමීනී, ඔබවහන්සේ වටිනා සළු පන්සියයක් ම පිළිගත්තාද?" කියා ඇසුවා. එතකොට අපගේ ආනන්දයන් වහන්සේ පහදා දුන්නා 'ඒ සළු පිළිගත්තේ තුන්සිවුරු සම්පූර්ණ නැති භික්ෂූන් වහන්සේලාට සිවුරු සකසා දෙන්ට මිසක් තමන් උදෙසා නොවේය' කියා. මේ නිසා කොසොල් රජ්ජුරුවෝ තවත්

පැහැදුනා. මාළිගාවේ තිබුනු ඉතිරි සළු පන්සියයත් ගෙනැවිත් පූජා කළා. මේ නිසා සිවුරු නැති භික්ෂූන්ට පහසුවෙන් ම සිවුරු ලැබුනා. අපගේ ආනන්දයන් වහන්සේ නිසා භික්ෂූන්ට ලැබුනු උපකාර ගැන කියමින් එදා දම්සභා මණ්ඩපයේදී භික්ෂූන් වහන්සේලා ආනන්දයන් වහන්සේට ප්‍රශංසා කරමින් සිටියා. ඒ අවස්ථාවේ අපගේ භාග්‍යවතුන් වහන්සේ එතැනට වැඩම කොට වදාළා. භික්ෂූන් වහන්සේලා තමන් කතා කරමින් සිටි කරුණ භාග්‍යවතුන් වහන්සේට සැලකළා.

"මහණෙනි, ආනන්දයෝ මේ ආත්මයේ විතරක් නොවේ, ඉස්සරත් අන්‍යයන්ට බොහෝ උපකාර කළ අයෙක්" කියා භාග්‍යවතුන් වහන්සේ මේ අතීත කතාව ගෙනහැර දක්වා වදාළා.

"මහණෙනි, ගොඩාක් ඉස්සර කාලෙක බරණැස්පුරේ බ්‍රහ්මදත්ත නමින් රජ්ජුරුකෙනෙක් රාජ්‍ය කළා. ඔය කාලේ මහාබෝධිසත්වයෝ කසී රටේ බ්‍රාහ්මණ පවුලක උපන්නා. මේ බ්‍රාහ්මණ කුමාරයාට නම් තබන දවසේ 'තිරීටවච්ඡ' යන නම ලැබුනා. වයස මුහුකුරා යද්දී තක්සිලාවට ගිහින් ශිල්ප හදාරා පැමිණියා. මව්පියන්ගේ ඇවෑමෙන් පස්සේ ගිහිගෙදර කලකිරුණා. ඍෂිපැවිද්දෙන් පැවිදි වී වනාන්තරයේ වාසය කළා. වනමුල්-ඵලාහාරයෙන් යැපුනා.

ඔය කාලේ බරණැස් රජතුමාට අයත් පිටිසර පළාතක කැරැල්ලක් ඇති වුනා. බරණැස් රජ්ජුරුවෝ ඒ කැරැල්ල සංසිඳවීමට ගියත් එහිදී හටගත් යුද්ධයේදී පැරදුනා. මරණ භයට පත් රජ්ජුරුවෝ ඇතුපිට සිටියදී ම වෙනත් පැත්තකින් පලාගිහින් වනාන්තරේට ආවා.

ඇතා පිටින් වනේ ඇවිදිමින් යද්දී තිරීටවච්ඡ තාපසයාගේ අසපුවට ආවා. ඒ වෙලාවේ තාපසයා කුටියේ සිටියේ නෑ. එලවැල ගෙනෙන්ට වනේට ගිහින්. 'මේ තාපසයෙක් වාසය කරන තැනක්' කියා තේරුම්ගත් රජ්ජුරුවෝ ඇතුපිටින් බැස්සා. අව්රස්මියෙන් පීඩාවට පත්වෙලා බඩගින්නත් පිපාසයෙනුත් දැඩි පීඩාවෙන් සිටි රජ්ජුරුවෝ පැන් බොන්ට පැන් කලයක් තියෙන තැනක් බැලුවා. සොයාගන්ට නෑ. සක්මන් මළුව කෙළවරේ ළිඳක් තියෙනවා දැක්කා. වතුර ඇදගන්ට කඹයක් කළයක් තියෙනවාද බැලුවා. ඒත් නෑ. රජ්ජුරුවන්ට පිපාසය උහුලාගන්ට ම බෑ. ඇතාව ළිඳ අයිනට ගෙනැවිත් සිටෙව්වා. ඇතාගේ කුසට බැඳ තිබූ යොත ලිහාගෙන ඇත් කකුලෙ යොතේ කොනක් බැන්දා. යොත අල්ලාගෙන ළිඳට බැස්සා. ඒත් යොත වතුර දක්වා බසින්ට දිග මදි. ආයෙමත් ගොඩට ආවා. උතුරු සලුවත් යොත කෙළවරේ ගැට ගසා ආයෙමත් ළිඳට බැස්සා. ඒත් දිග මදි. තමන්ගේ පාකෙළවරේ විතරක් ජලය ගෑවෙනවා. පිපාසය උහුලා ගන්ට ම බැරි තැනේ, 'මගේ මේ පිපාසේ සංසිඳවාගෙන මළත් ඒක සැපවත් මරණයක් ය කියලා පැන්නා ළිඳට! ඇතිපදම් පැන් බීවා. දැන් ගොඩට ඒගන්ට බෑ. ළිඳේ ම උන්නා. ඇතා හොඳට හික්මී ඉන්න නිසා කලබල නැතිව රජු දිහා බලාගෙන එහෝම සිටියා.

බෝධිසත්වයෝ එලවැල අරගෙන එද්දි සවස් වුනා. ඇතා දැකලා සිතුවා රජ්ජුරුවෝ ඇවිදින් තමයි කියලා. 'යුද ඇඳුම් ඇඳගත් ඇතා විතරයි නොවැ පේන්ට ඉන්නේ. මේ මොකද මෙහෙම වුනේ?' කියලා ඇතාට ළං වුනා. තාපසයාගේ පැමිණීම තේරුම්ගත් ඇතා පැත්තකින්

සිටගත්තා.

බෝධිසත්වයෝ ළිඳ ඉවුරට ගිහින් බැලින්නම් රජ්ජුරුවෝ ළිඳ ඇතුලේ. "හපොයි.... හපොයි..... මේ අපගේ මහරජ්ජුරුවෝ නොවැ. භයගන්ට කාරි නෑ දේවයන් වහන්ස... ඔහොම පොඩ්ඩක් ඉන්ට. මං ඉණිමඟක් බැඳලා දමන්නම්" කියලා හනිකට ඉනිමඟක් බැඳලා ළිඳට බැස්සුවා. රජ්ජුරුවෝ ගොඩට අරගෙන වතුර නාවලා, ඇඟපත සම්බාහනය කරලා, තෙල් ගල්වා එලවැල කන්ට දීලා සුවපහසුව සැලැස්සුවා. ඇතාගෙත් සන්නාහය ගලවා ඇතාටත් සැලකුවා.

රජ්ජුරුවෝ දවස් දෙක තුනක් තාපසින්නාන්සේ ළඟ විවේකයෙන් වාසය කළා. තමන් ළඟට බෝධිසත්වයන්ව එන්ට කැමති කරවාගෙන පිටත් වුනා. රාජසේනාව නගරයට නුදුරින් කඳවුරු බැඳගෙන ඉඳලා රජතුමා එනවා දැකලා ගිහින් පිරිවරා ගත්තා. බෝධිසත්වයෝත් මාසෙකට හමාරකට පස්සේ බරණැසට ගියා. ගිහින් උයනේ වාසය කොට පසුවදා භික්ෂාව පිණිස හැසිරෙමින් රාජද්වාරය ළඟට ගියා. උඩුමහලේ සී මැදුරු කවුළුවෙන් බලන රජ්ජුරුවන්ට තාපසින්නාන්සේව හඳුනාගන්ට පුළුවන් වුනා. වහා ප්‍රාසාදයෙන් බැස ගිහින් තාපසයන්ට වැඳලා උඩුමහලට කැඳවාගෙන සුදුසේසත යට වූ රාජාසනයෙහි හිඳුවා තමන්ට පිළියෙල කළ ප්‍රණීත භෝජන වළඳවා තමනුත් ආහාර අනුභව කොට තාපසයින් සමග උයනට ගියා. උයනේ තාපසයින්ට පහසුවෙන් ඉන්ට සක්මන්, පැන්පොකුණු සහිතව කුටිසෙනසුනක් හදවා දුන්නා. තාපසයින්ව රැකබලා ගැනීමේ කටයුත්ත උයන්පල්ලාට භාර කළා.

එදා පටන් බෝධිසත්වයෝ රජමැඳුරෙන් දානේ ගන්නවා. මහාසත්කාර සම්මාන ලැබෙන්ට පටන් ගත්තා. ඇමතිවරුන්ට මෙය උහුලා ගන්ට බැරි වුනා. "අඩේ.... ආන් බලාපන්.... ඔය විදිහට එක් ඇමතියෙකුට සැලකුවොත් රජ්ජුරුවන්ට මොනතරම් උපකාර ලැබේවිද. මේ කිසි වැදගම්මකට නැති තාපසයෙකුට වශීවෙලා මොනවාද මේ කරන විකාර" කියලා යුවරජ්ජුරුවන් ළඟට ගිහින් පැමිණිලි කළා. යුවරජතුමා ඇමතිවරු පිරිවරාගෙන ගිහින් රජ්ජුරුවන්ට වන්දනා කරලා මේ ගාථාව කිව්වා.

(1)

කිසි උගත්කමක් ඤාණයකුත් නැති තාපසයෙක් එයා
ඔබතුමාගේ නෑයෙක් හෝ යාළුවෙක් නොවේ එයා
ඔය තිරීටවච්ඡ නැමැති තවුසා මුදුනින් තියා
ඇයි ද මොහුට වළඳවන්නේ උතුම් බොජුන් ළඟ තියා

මෙය ඇසූ රජ්ජුරුවෝ යුවරාජ පුත්‍රයා අමතා මෙය කිව්වා. "පුත්‍රය, මං අසවල් දවසේ අසවල් පළාතේ කැරැල්ල සංසිඳවන්ට ගිහින් යුද්ධෙන් පැරදිලා දවස් දෙකතුනක් මට වෙච්චි දෙයක් සොයාගන්ට බැරිව හිටියා මතකද? මේ තාපසින්නාන්සේ නිසයි මං අද ජීවත් වෙන්නේ...." කියලා සිදු වූ හැම දේ ම ඔවුන්ට කීවා. "එනිසා දරුව, මගේ ජීවිතදායකයාණන් මා ළඟට ආ විට මං මොහුට රාජ්‍යය දුන්නත් කළ උපකාරයට පෙරලා උපකාර කොට අවසන් කරන්ට බෑ" කියා රජ්ජුරුවෝ මේ ගාථාවන් පැවසුවා.

(2)

යුද්දෙන් පැරදී එදා
- මං වැටිලා අනතුරේ

- වනේ අතරමං වුනා
වතුර පොදක් නැති වනේ,
- පිපාසයෙන් යද්දී මට
- ඔහු සිටි තැන හමු වුනා
හොඳටම වෙහෙසී ගතින්
- ළිඳකට බැස සිට මා වෙත
- ඔහු පිහිටට පැමිණුනා
මාව ළිඳෙන් ගොඩ අරගෙන
- සුවපත් කළ නිසා එදා
- එන්නට පුළුවන් වුනා

(3)

මොහුගේ උපකාරයෙන්
- මට දුන් සහයෝගයෙන්
- එන්නට මට හැකිවුනේ
ලොවේ සිටින හැම දෙනා
- යමරජු යටතේ ඇති බව
- මට එදා ය වැටහුනේ
මා බේරූ මේ තිරීටවච්ඡ නමැති
- තවුසාහට සියලුම සත්කාර ලබන
- සුදුසුකමයි හිමිවුනේ
එනිසා ඔබ සැමදෙනා
- සලකාපන් මොහුට හොඳින්
- මොහුගේ ගුණ හඳුනගනින් දරුවනේ

එදා රජ්ජුරුවෝ ඔය විදිහට ගගන තලාවේ පුන්සඳක් ඔසොවනවා වගේ බෝධිසත්වයන්ගේ ගුණ කියන්ට පටන් ගත්තා. සියලු දෙනාම තාපසයන්ගේ ගුණසම්පත් දැනගත්තා. තව තවත් ලාභසත්කාර ඇති වුනා. රජ්ජුරුවෝ බෝධිසත්වයන්ගේ උපදෙස් මත බොහෝ

දානාදී පින්කම් කොට දෙව්ලොව ගියා. බෝධිසත්වයෝ ධ්‍යාන අභිඥා සමාපත්ති උපදවාගෙන බඹලොව ගියා.

මහණෙනි, ඉස්සර හිටිය නුවණැති අය තමන් ලද උපකාර නිතර සිහි කළා. මහණෙනි, එදා රජතුමාව සිටියේ අපගේ ආනන්දයෝ. තාපසයාව සිටියේ මම යි" කියා භාග්‍යවතුන් වහන්සේ මේ ජාතකය නිමවා වදාළා.

10. දූත ජාතකය

දූතයාගේ වෙසින් ආ ලොල් පුද්ගලයාගේ කතාව

පින්වතුනේ, පින්වත් දරුවනේ,

ආහාරයට අධික ලෙස ලොල් වීම කාටවත් ම හොඳ දෙයක් නොවේ. ඒ හේතුවෙන් නොයෙක් ලෙඩ රෝග හැදෙනවා. අනවශ්‍ය කරදරවල පැටලෙනවා. භයානක ඉරණමකට වුනත් එය හේතුවෙන්ට පුළුවනි. මෙයත් එබඳු කතාවක්.

ඒ දිනවල අපගේ භාග්‍යවතුන් වහන්සේ වැඩ වාසය කොට වදාළේ සැවැත්නුවර ජේතවනයේ. ඔය කාලයේ ආහාරයට අධික ලෙස ගිජු වූ භික්ෂුවක් ජේතවනාරාමයේ වාසය කළා. මේ භික්ෂුව වත් පිළිවෙත් කිරීමට කිසිම උනන්දුවක් දැක්වූවේ නෑ. ආචාර්ය උපාධ්‍යායන් වහන්සේලාගේ වත් කළෙත් නෑ. නමුත් උදේ ම සැවැත්නුවරට යනවා. ගිහින් වේලාසනින් ම විශාඛා මහෝපාසිකාවගේ සිටුගෙදරින් දානය ලැබෙන නිසා එහෙට යනවා. කැවිලි වළඳා කැඳත් වළඳනවා. ඊට පස්සේ ඇල්හාලේ බත්, ප්‍රණීත සූපව්‍යඤ්ජනාදිය සමඟ ලැබෙනවා. ඒකත් වළඳනවා. එතැනින් අනේපිඬු සිටාණන්ගේ සිටුමැදුරට යනවා. එතැනිනුත් ප්‍රණීත භෝජන වළඳනවා. ඊට පස්සේ කොසොල් රජ්ජුරුවන්ගේ

රජගෙදර දානශාලාවට ගිහින් එතැනිනුත් හොඳට වළඳිනවා. කෑමට අධික ලෙස ලොල් වූ මේ භික්ෂුවගේ ක්‍රියාකලාපය කවුරුත් පාහේ දැනගත්තා. භික්ෂූන් වහන්සේලා මේ කරුණ භාග්‍යවතුන් වහන්සේට සැළකළා. භාග්‍යවතුන් වහන්සේ ඒ භික්ෂුව කැඳවා "සැබෑද භික්ෂුව, අධික ලෙස ආහාරයට ලොල්ව කෑදරකමින් වාසය කරනවා ය කියන්නේ?"

"එහෙමයි ස්වාමීනී."

"භික්ෂුව ඔබ තවමත් ආහාරයට ඇති ලොල් බව අත්හැරගෙන නෑ. කලින් ආත්මෙක කෑදරකම නිසා කඩුපහරකට ලක්වෙන්ට ගිහින් යාන්තම් බේරුණා" කියා භාග්‍යවතුන් වහන්සේ මේ අතීත කතාව ගෙනහැර දක්වා වදාළා.

"මහණෙනි, ගොඩාක් ඉස්සර කාලෙක බරණැස්පුරේ බ්‍රහ්මදත්ත නම් රජ්ජුරු කෙනෙක් රාජ්‍ය කළා. ඔය කාලේ මහාබෝධිසත්වයෝ ඒ රජ්ජුරුවන්ගේ පුත්කුමාරයාව උපන්නා. නිසි වයසේදී තක්සිලාවට ගොසින් ශිල්පශාස්ත්‍ර හදාරා පැමිණියා. පියරජුගේ ඇවෑමෙන් රජබවට පත් වුනා. මේ අලුත් රජ්ජුරුවෝ ඉතා පිරිසිදුවට භෝජන ගැනීම ගැන සිත යොමු කළ කෙනෙක්. මේ නිසාම "භෝජනසුද්ධික රජු" කියා නමකුත් පටබැඳුනා.

ඒ රජ්ජුරුවන් මෙවැනි විධානයන්ගෙන් යුක්තවයි බත් අනුභව කරන්නේ. එක් බත් වේලක් වෙනුවෙන් ලක්ෂයක් කහවණු වියදම් වෙනවා. රජමැදුරේ සිට ආහාර වළඳන්නේ නෑ. රජ මිදුලේ අලංකාර රුවන් මණ්ඩපයක් කෙරෙව්වා. ඒ තමන් ආහාර අනුභව

කරන ලීලාව මහජනයාට ප්‍රදර්ශනය කරනු පිණිසයි. ආහාර අනුභවයට පෙර ඒ මණ්ඩපය අලංකාර මාලාදාමයන්ගෙන් සරසනවා. රනින් කැටයම් කළ සුදු සේසත යට මහානීය වූ රාජාසනයක් පනවනවා. ක්ෂත්‍රීය කුමාරිකාවන් චාමර සලනවා. ගීතිකා ගයනවා. ඔය අතරේ රජ්ජුරුවෝ කහවනු ලක්ෂයක් අගනා රන් තැටියේ දමාපු අතිප්‍රණීත රසවත් රාජ භෝජන වළඳිනවා.

දවසක් ආහාරයට කෑදර මිනිසෙක් රජ්ජුරුවන්නේ භෝජන විධානය නරඹන්ට ආවා. මෙය දැකපු මොහොතේ පටන් ඔහුගේ සිහි විකල් වුනා වගේ වුනා. ඒ රන් තැටියෙන් බත් පිඬක් කනතුරු ඉවසාගන්ට බැරි දැඩි පිපාසයක් හටගත්තා. තමන්ගේ අදහස ඉෂ්ට කරගන්නේ කොහොමද කියා නොයෙක් අතේ කල්පනා කළා. උපායක් මතක් වුනා. එදා ඔහු ඇඟට තදවෙන්ට වස්ත්‍රයක් හැදපොරොවා ගත්තා. අත් උඩට ඔසොව ගත්තා. "මම දූතයෙක් ! මම දූතයෙක් !" කියාගෙන රජතුමා සිටි පෙදෙසට යන්ට පටන් ගත්තා.

ඒ කාලේ ඒ ජනපදයේ රාජදූතයෙක් කියපු ගමන් කවුරුවත් වළක්වන්නේ නෑ. ඒ අවසරයෙන් මොහුට මහාජනයා දෙපසට තදවෙලා මාර්ගය ඉඩ සලසා දුන්නා. එතකොට මොහු වේගයෙන් රජු ළඟට ගියා. ගිය ගමන් රජ්ජුරුවන්ගේ රන් තලියට අත දාලා බත් පිඬක් ගෙන කටේ ඔබා ගත්තා. එතකොට ම අසිග්ගාහක රාජ පුරුෂයා මොහුගේ හිස සිඳින්ට කඩුව ඇදලා ගත්තා. "නෑ.... මේකාට මොකුත් කරන්ට එපා !" කියා රජ්ජුරුවෝ ඔහු වැළැක්කුවා. "හරි තෝ බයවෙන්ට එපා.... කාපං හොඳ හැටි...!" කියලා අත සෝදාගෙන වාඩිවුනා.

එතකොට මොහු බඩ පුරා කෑවා. රජ්ජුරුවෝ තමන්ට බොන්ට තියෙන පැනුත් දුන්නා. බුලත්විටකුත් දුන්නා. "ඇයි මිනිහෝ තෝ දූතයෙක් ය කියාගෙන දුවගෙන ආවේ. තෝ කාගේ දූතයෙක් ද ?"

"අනේ දේවයන් වහන්ස, මේ ගැත්තා තණ්හාවේ දූතයෙක්. උදරයේ දූතයෙක්. තමුන්නාන්සේ වළඳින ජාතියේ බත් පිඬක් කන්ට ඇති අධික ආසාව ම යි මට අණ කළේ, 'තෝ පල' කියා දූතයෙක් කොට මාව මේ එව්වේ තෘෂ්ණාව ම යි" කියලා මේ ගාථාවන් පැවසුවා.

(1)

අනේ උතුම් මහරජුනේ
- ගැත්තා ගැන කෝප සිතක්
- ඇති කරන්ට එපා
සතුරෙකුගෙන් උනත් යමක්
- ඉල්ලන්නට යනවා මං
- ඇති කරගෙන උපා
ඉවසන්නට බැරි විදිහට
- තණ්හාවයි මා එව්වේ
- ලොල් සිතිවිලි පපා
උදර දූතයෙක් හදලා
- ඇදගෙන මෙහි ආ කරුණට
- උදහස් වනු එපා

(2)

මිනිස්සු දිව රෑ දෙකේ ම
- තණ්හාවට වසඟ වෙලා
- දුක ම යි විඳවන්නේ
ආසා කළ දේ ලබන්ට

- ජීවිතය ම උනත් දෙන්ට
- නැත ඔහු පැකිලෙන්නේ
මේ ගැත්තත් ඒ ලෙසින් ම
- දූතයෙකුගෙ වෙස් අරගෙන
- සෙනඟ මැදට පැන්නේ
අනේ උතුම් මහරජුනේ
- උදහස් වනු එපා ඉතින්
- සමාව මට දෙන්නේ

රජ්ජුරුවන්ට මේ පුද්ගලයා ගැන මහත් අනුකම්පාවක් හටගත්තා. මොහු කියූ කරුණ ගැනත් සිතන්ට පටන් ගත්තා. "ඇත්ත... මේ සත්වයෝ තෘෂ්ණාවට වසඟ වෙලා උදරයේ දූතයෙක් හැටියට යි නොයෙක් දුක් විඳින්නේ. තණ්හාව ම යි මේ ලෝකේ සත්වයන්ව හසුරුවන්නේ. මේ පුද්ගලයාගේ කතාව නම් සහතික ඇත්ත" කියා සිතා සතුටට පත් වූ රජ්ජුරුවෝ මේ ගාථාව පැවසුවා.

(3)

පින්වත මම නුඹ හට දෙමි
- රතු පැහැගත් හොඳ දහසක් ගවයන්
මහා වෘෂභ රාජයන් ද
- තොප හට දෙමි ඒ ගවයන් සමගින්
තොප කිවු ඒ දේ සැබෑය
- මමත් උදර දූතයෙක් මි
- කැමට තණ්හාවෙන්
ඉතින් දූතයෙක් එබඳු ම
- දූතයෙකුට යමක් නොදී
- ඉන්නේ ඇයි කියාපන්

මට මෙතෙක් කලක් වටහාගන්ට බැරි වූ දෙයක් මේ පුද්ගලයා නිසා ඉගෙන ගන්ට ලැබුනා කියා සතුටට පත් රජතුමා ඔහුට තවත් යස ඉසුරු දුන්නා."

මේ ජාතකය වදාළ භාග්‍යවතුන් වහන්සේ චතුරාර්ය සත්‍ය ධර්මය දේශනා කොට වදාළා. ඒ දේශනාවේ කෙළවර ආහාරයට ලොල්ව සිටි භික්ෂුව අනාගාමී ඵලයට පත් වුනා. බොහෝ භික්ෂූන් වහන්සේලා මගඵල ලැබුවා. "මහණෙනි, එදා ආහාරයට අධික කෑදරකමින් සිටිය පුරුෂයාව සිටියේ මෙදාත් ආහාරයට ලොල් වූ භික්ෂුව යි. භෝජනසුද්ධික රජ්ජුරුවෝ වෙලා සිටියේ මම යි" කියා භාග්‍යවතුන් වහන්සේ මේ ජාතකය නිමවා වදාළා.

පළමුවෙනි සංකප්ප වර්ගය නිමාවිය.

මහාමේඝ ප්‍රකාශන

පූජ්‍ය කිරිබත්ගොඩ ඤාණානන්ද ස්වාමීන් වහන්සේ විසින් රචිත
සියලුම සදහම් ග්‍රන්ථ සහ ධර්ම දේශනා ලබාගැනීමට

ත්‍රිපිටක සදහම් පොත් මැදුර

අංක 70/A/7/OB, YMBA ගොඩනැගිල්ල, බොරැල්ල, කොළඹ 08
දුර : 077 47 47 161 / 011 425 59 87
ඊ-මේල් : thripitakasadahambooks@gmail.com

www.ingramcontent.com/pod-product-compliance
Lightning Source LLC
Chambersburg PA
CBHW070532030426
42337CB00016B/2183